Hans-Georg Beckmann

Neue
Spanische
Grammatik

GRUNDLAGEN

dnf-Verlag

Neue Spanische Grammatik *Grundlagen*

von
Hans-Georg Beckmann

unter Mitarbeit von
Franzisco Uszcanga-Meinecke

unter der Leitung
der Verlagsredaktion Sprachen, dnf-Verlag DAS NEUE FACHBUCH GmbH.

ISBN 3-931104-81-8

1. Auflage 6 | 97

© dnf-Verlag DAS NEUE FACHBUCH GmbH, Göppingen 1997.

Gestaltung und Gesamtherstellung: Studio Maurus, Germany.

VORWORT

Die **Neue Spanische Grammatik** *Grundlagen* ist ein lehrbuchunabhängiges Lern- und Nachschlagewerk zur spanischen Grammatik und richtet sich an alle, die sich ein grundlegendes Wissen über die spanische Grammatik verschaffen möchten, also an alle Schüler, Volkshochschüler, Selbstlerner und auch Studenten.

Besonderer Wert wurde auf einen *übersichtlichen Aufbau* gelegt, denn Übersichtlichkeit erleichtert entscheidend das Lernen und beugt Verständnisschwierigkeiten vor.
So wurde stets darauf geachtet, daß die Einsparung von ein paar wenigen Seiten im Endeffekt, nicht auf Kosten der Übersichtlichkeit ging.

Jeder Regel und ihrer Erklärung sind die entsprechenden Beispiele gegenübergestellt. So ist die Anwendung der Regel unmittelbar anhand der Beispiele nachvollziehbar. Die deutsche Übersetzung, die angegeben ist, wo immer erforderlich, beugt zusätzlich Verständnisschwierigkeiten vor.
Durch die Gegenüberstellung von Sachverhalten in Tabellen sind Unterschiede bzw. Parallelen sofort zu erkennen und leichter zu lernen.
Komplexe Sachverhalte sind in übersichtlichen und ansprechend gestalteten Tabellen oder Schaubildern dargestellt. Der Lernende kann sich diese so leicht einprägen.
Die sinnvolle Sortierung einzelner Sachverhalte ist eine wesentliche Lernhilfe. So sind inhaltlich zusammengehörende Sachverhalte auch zusammen abgehandelt.
Alle für ein bestimmtes Kapitel relevanten Sachverhalte sind auch in diesem Kapitel behandelt. Es konnte daher auf Querverweise verzichtet und dem Lernenden die damit verbundene Sucherei erspart werden.
Die verständliche Formulierung grammatischer Sachverhalte und die Erklärung von Fachausdrücken stets an Ort und Stelle und in einer ausführlichen Liste zum Nachschlagen sind weitere entscheidende Vorteile.

Verfasser und Verlag

Inhaltsverzeichnis

Inhaltsverzeichnis

Inhaltsverzeichnis

Abkürzungen

adv.	adverbial		Part.	participio, Partizip
afirm.	afirmativo		Perf.	perfecto, Perfekt
			Pers.	Person
bzw.	beziehungsweise		Plur.	Plural
			präd.	prädikativ
Con.	condicional		Pres.	presente
C. P.	condicional perfecto		pret. indef.	pretérito indefinido
			Pron.	Pronomen
d. h.	das heißt			
dir.	direkt		Rel. pron.	Relativpronomen
etc.	etcetera		Sing.	Singular
			Sub.	subjuntivo
fem.	feminin, femenino		Subj. pron.	Subjektpronomen
F. P.	futuro perfecto			
Fut.	futuro, Futur		Vd.	usted
			Vds.	ustedes
Ger.	gerundio		VG	Verbgruppe
Imp.	imperativo, Imperativ		z. B.	zum Beispiel
Imperf.	imperfecto			
Ind.	Indikativ, indicativo			
indir.	indirekt			
Inf.	Infinitiv, infinitivo			
Int. pron.	Interrogativpronomen			
Kon.	Konsonant			
mask.	maskulin			
Mod.	Modus, modo			
negat.	negativo			
neutr.	neutrum			
Nu.	Numerus			
Obj.	Objekt			
Obj. pron.	Objektpronomen			
P. A.	pretérito anterior			
P. C.	pluscuamperfecto			
P. I.	pretérito indefinido			
P. P.	pretérito perfecto			

Das Alphabet

Das Alphabet (el alfabeto)

Buchstabe	Aussprache	Buchstabe	Aussprache
a	[a]	n	[ene]
b	[be]	ñ	[eɲe]
c	[θe]	o	[o]
ch	[tʃe]	p	[pe]
d	[de]	q	[ku]
e	[e]	r	[ere]
f	[efe]	s	[ese]
g	[xe]	t	[te]
h	[atʃe]	u	[u]
i	[i]	v	[ube]
j	[xota]	w	[ube doble]
k	[ka]	x	[ekis]
l	[ele]	y	[i griega]
ll	[eʎe]	z	[θeda, θeta]
m	[eme]		

Die oben verwendeten Zeichen der internationalen Lautschrift werden wie folgt ausgesprochen:
[θ] stimmloser (scharfer) Lispellaut,
[ʃ] stimmloses (scharfes) -sch,
[x] ch-Laut,
[ʎ] mouilliertes -l (Verschmelzung aus -l und -j)
[ɲ] gn-Laut.

Die Betonung (la acentuación)

Die folgenden Ausführungen stellen die wichtigsten Grundregeln der spanischen Betonung dar. Bei Abweichungen von diesen Grundregeln muß der sogenannte Akut, der einzige Akzent, den es im Spanischen gibt, auf die zu betonende Silbe gesetzt werden.

Betonung auf der vorletzten Silbe

Auf Vokal, einsilbig gesprochene Verbindungen aus -i, -u und -e, -a, -o, auf -n oder (Plural)-s endende Wörter werden in der Regel auf der vorletzten Silbe betont.

- ca-**rro**-za
- **pa**-tria
- i-**ma**-gen
- cua-**der**-nos

Bei zweisilbig gesprochenen Verbindungen aus -a, -e, -o wird der vorletzte Vokal betont.

- tra-**e**
- cre-**o**
- bo-**a**

Betonung auf der letzten Silbe

Auf Konsonant (außer -n und -s) und auf halbvokalisches -y (-ay, -ey, -oy und -uy) endende Wörter werden auf der letzten Silbe betont.

- a-**mor**
- mer-**ced**
- re-**loj**
- ca-**rey**

Die Aussprache (la pronunciación)

Die folgenden Ausführungen stellen die wichtigsten Grundregeln der spanischen Aussprache dar. Sie sollen mithelfen von der Aussprache auf die richtige Schreibweise schließen zu können. Die Zeichen der internationalen Lautschrift (in eckigen Klammern) sind in den danebenstehenden Beschreibungen erläutert.
Besondere Ausspracheweisen des mittel- und südamerikanischen Raumes und einzelner Regionen wurden dabei nicht oder nur in wichtigen Einzelfällen berücksichtigt.

Die Vokale (las vocales)

Die Vokale (Selbstlaute) sind Laute, bei deren Aussprache kein anderer Laut benötigt wird. Zu den Vokalen gehören a, e, i, o, u.

a	[a]	Reines, offenes -a.	• parte • padre
e	[ɛ] [e]	Offenes bzw. halboffenes -e.	• perla • petate
i	[i]	Reines, geschlossenes -i.	• vida • virgen
o	[ɔ] [o]	Kurzes, offenes -o bzw. kurzes, halboffenes -o.	• ojo • todo
u	[u]	Reines, geschlossenes -u.	• puro • seguro

Neben den reinen Vokalen gibt es noch Verbindungen aus zwei Vokalen, den Diphthongen (diptongos).

| ae
ao
ea
eo
oa
oe | [ae]
[ao]
[ea]
[eo]
[oa]
[oe] | Bei Vokalverbindungen aus ton-
starken Vokalen (-a, -e, -o) wird
jeder einzelne Vokal ausgespro-
chen. | • maestro
• Bilbao
• ralea
• creo
• boa
• héroe |

| ai, ia
au, ua
ei
eu, ue
oi, io
ou, uo
iu, ui | [ai, ia]
[au, ua]
[ei]
[eu, ue]
[oi, io]
[ou, uo]
[iu], [ui] | Vokalverbindungen aus tonschwa-
chen Vokalen (-i, -u) oder aus ton-
schwachen und tonstarken Voka-
len sind in der Regel einsilbig,
d. h. der tonstarke Vokal wird
betont, der tonschwache Vokal
wird nur sehr kurz gesprochen.
Wie -i wird hier -y behandelt.
Soll jeder einzelne Vokal ausge-
sprochen werden, muß der ton-
schwache Vokal den Akzent er-
halten (-aí, -aú, -eí, -eú, -oí, -oú). | • aire
• cual
• peine
• neutro
• coima
• cuota
• ciudad
• hay
• ley
• voy
• muy
• caí
• aún
• creí
• reúno
• oíd |

ie	[i̯e]	Einsilbig gesprochener Diphthong, d. h. die Betonung liegt auf dem tonstarken -e, das tonschwache -i wird nur kurz gesprochen.	• pie • naviero
	[ie]	Ist das -i der Stammvokal eines Verbs, wird -ie zweisilbig ausgesprochen.	• friese (von freír) • rieron (von reír)
ee	[ee]	Zweisilbig gesprochener Diphthong aus -e und -e.	• creer • leer

Die Konsonanten (las consonantes)

Die Konsonanten (Mitlaute) sind Laute, bei deren Aussprache noch ein anderer Laut benötigt wird. Zu den Konsonanten zählen alle Laute außer den Vokalen.

f, k, l, m, p, t, w		Diese Konsonanten werden wie die entsprechenden deutschen Konsonanten ausgesprochen. Die Konsonanten -k und -w kommen nur in Fremdwörtern vor.	• frase • kilo • luego • madre • padre • tener • Wilfredo
b	[b]	Am Satzanfang, nach Sprechpausen und nach -m und -n wird es wie das deutsche -b ausgesprochen.	• basta • también • con binóculo
	[ƀ]	In allen anderen Fällen, besonders zwischen Vokalen, ist es ein mit beiden Lippen geformter Reibelaut zwischen -b und -v.	• caber • cubrir
c	[θ]	Vor -e und -i ist es ein stimmloser Lispellaut, der durch Anlegen der Zungenspitze an die Rückwand der oberen Schneidezähne erzeugt wird.	• cercar • cerrar • acentuación • civil

Soll es vor -a, -o, -u wie ein stimmloser Lispellaut ausgesprochen werden, muß das -c in -z umgewandelt werden.

- venzamos (von vencer)
- venzo

[k] Vor -a, -o, -u und vor Konsonant wird es wie -k ausgesprochen.

- caro
- cosa
- Cuba
- creación

Soll es vor -e und -i wie -k ausgesprochen werden, so muß das -c in -qu umgewandelt werden.

- busqué (von buscar)
- busquemos

	-a	-e	-i	-o	-u	Kon.
c-	[ka]	[θe]	[θi]	[ko]	[ku]	[k...]
qu-		[ke]	[ki]			
z-	[θa]			[θo]	[θu]	

ch [tʃ] Stimmloses -tsch.

- machete
- chocolate

d [d] Am Satzanfang, nach Sprechpausen und nach -l und -n wird es wie das deutsche -d ausgesprochen.

- día
- caldo
- endeudarse

[ð] In allen anderen Fällen, besondere zwischen Vokalen, ist es ein Reibelaut (ähnlich dem englischen stimmhaften -th.)

- nada
- cordal

[-] Am Wortende und häufig in der Endung -ado ist es (fast) stumm.

- verdad
- colorado

g [x] Vor -e und -i wird es wie -ch ausgesprochen.

- geografía
- gitano

Soll es vor -a, -o, -u wie -ch ausgesprochen werden, muß das -g in -j umgewandelt werden.

- coja (von coger)
- cojo

[g]	Vor -a, -o, -u und vor Konsonant wird es wie -g ausgesprochen.	• **g**afas • **g**obernar • **g**ustar • **g**racias

	Soll es vor -e und -i wie -g ausge-sprochen werden, wird nach dem -g ein -u eingefügt (das -u wird nicht ausgesprochen). Soll dieses -u ausgesprochen werden, erhält es ein Trema (ü).	• pa**gu**é (von pa**g**ar) • ju**gu**emos (von ju**g**ar) • fra**gü**é (von fra**gu**ar) • a**gü**ero (von a**g**orar)

	-a	-e	-i	-o	-u	Kon.
g-	[ga]	[xe]	[xi]	[go]	[gu]	[g...]
gu-		[ge]	[gi]			
gü-		[gue]	[gui]			
j-	[xa]			[xo]	[xu]	

h	[-]	Das -h bleibt stets stumm (unaus-gesprochen).	• **h**aber • a**h**ora

j	[x]	Es wird wie -ch ausgesprochen.	• **J**uan • mu**j**er

ll	[ʎ]	Mouilliertes -l, das aus der Ver-schmelzung von -l und -j entsteht.	• esco**ll**o • ha**ll**ar

n	[n]	Es wird das deutsche -n ausge-sprochen.	• **n**ada • ca**n**al

	[ŋ]	Vor -c, -k, -g, -j und -qu wird es wie das deutsche -n vor -g oder -k ausgesprochen.	• ci**n**co • te**n**go • espo**n**ja • ma**n**que

	[m]	Vor -b, -p und -v wird es wie -m ausgesprochen.	• ta**n** poco • tra**n**vía

ñ	[ɲ]	Es wird wie -gn in *Champagner* ausgesprochen.	• ni**ñ**a • se**ñ**or

qu	[k]	Es wird wie das deutsche -k ausgesprochen.	• **qu**eja • **qu**itar
r **rr**	[r] [rr]	Zwischen Vokalen, am Silben- oder Wortende ist es ein einfach gerolltes -r, das durch Anlegen der Zungenspitze an die oberen Schneidezähne erzeugt wird. Am Wort-, Silbenanfang, nach -l, -n, -s und in -rr ist es ein mehrfach gerolltes -r.	• ca**r**a • dine**r**o • **r**ico • al**r**ededor • hon**r**a • espá**rr**agos
s	[s]	Stimmloses, scharfes -s, ähnlich dem deutschen -ß mit leichtem Anklang an das deutsche -sch.	• **c**asa • **s**aco
	[z]	Stimmhaftes -s, vor allem vor -b, -d, -l, -m, -n, -r, -v.	• de**s**de • mi**s**mo
v	[ƀ]	Es ist ein mit beiden Lippen geformter Reibelaut zwischen -b und -v.	• ca**v**ar • **v**amos
x	[gs]	Vor Vokal wird es wie -gs ausgesprochen.	• e**x**amen • má**x**imo
	[s]	Vor Konsonant wird es wie stimmloses -s ausgesprochen.	• e**x**plicar • e**x**poner
y	[j]	Vor Vokalen wird es wie das deutsche -j ausgesprochen.	• **y**acer • **y**ema
	[i]	Nach tonstarken Vokalen (**-a, -e,** **-o**) ist es ein schwach betontes -i.	• ha**y** • re**y** • ho**y**
z	[θ]	Stimmloser Lispellaut, der durch Anlegen der Zungenspitze an die Rückwand der oberen Schneidezähne erzeugt wird.	• a**z**úcar • **z**apato

Verbformen und Verbarten (los verbos y sus formas)

Das Verb ist ein unentbehrlicher Teil eines Satzes. Es drückt einen Zustand oder Vorgang, eine Tätigkeit oder Handlung aus (Zeitwort, Tätigkeitswort, Tunwort).

Finite Verbformen (las formas personales del verbo)

Finite Verbformen sind konjugierte Verbformen, sie ändern ihre Form nach Person (1., 2., 3. Person etc.) und Zahl (Singular oder Plural), Zeit (Präsens, Futur etc.) und Modus (Indikativ, Konjunktiv etc.).

- **Compro** un libro.
  (indicativo presente, 1. Person Singular)
- **Hemos leído** este libro.

Infinite Verbformen (las formas no personales del verbo)

Infinite Verbformen sind nicht konjugierte Verbformen, sie beinhalten keine Personen- und Zeitangabe. Hierzu zählen der Infinitiv, das Partizip und das gerundio.

- comprar
- comprado
- comprando

Die verschiedenen Verbarten, die im folgenden zunächst im Überblick dargestellt sind, werden in den entsprechenden Kapiteln ausführlich behandelt.

Transitive Verben (los verbos transitivos)

Transitive Verben sind Verben, die in Verbindung mit einem direkten Objekt stehen.

- **Compro** *un libro.*
- Esta mañana **he escrito** *una carta.*

Intransitive Verben (los verbos intransitivos)

Intransitive Verben sind Verben, die ohne Objekt stehen.

- **Estoy** enfermo.
- **He partido** este mediodía.

Vollverben (los verbos)

Vollverben können das Prädikat alleine bilden.

- **Compro** un libro.
- **Escribía** una carta.

Hilfsverben (los verbos auxiliares)

Die Hilfsverben **haber, ser** und **estar** dienen zur Bildung der zusammengesetzten Zeiten und des Passivs.

- **He** *comprado* un libro.
- María **es** *invitada* por Pepe.
- María **está** *invitada*.

Modalverben (los verbos modales)

Modalverben sind Verben, die den Inhalt eines anderen Verbs abwandeln. Sie stehen direkt in Verbindung mit dem Infinitiv (ohne Präposition) eines anderen Verbs.

- **Debemos** *hacer* todo el trabajo hasta mañana.
- **Tengo que** *hacer*lo hoy.

Reflexive Verben (los verbos reflexivos)

Reflexive Verben werden von einem Reflexivpronomen begleitet. Reflexivpronomen und Subjekt bezeichnen dieselbe Person.

- *Pedro* **se lava.**
  (**Pedro** und **se** bezeichnen dieselbe Person.)
- *María* **se aburrió.**

Reziproke Verben (los verbos recíprocos)

Reziproke Verben drücken die Gegenseitigkeit, Wechselbeziehung aus (einander, gegenseitig). Auch sie werden von einem Reflexivpronomen begleitet.

- **Nos conocemos** desde hace mucho tiempo.
- María y Pedro **se quieren** mucho.

Unpersönliche Verben (los verbos impersonales)

Unpersönliche Verben werden nur in der 3. Person Singular und ohne eigenes Subjekt verwendet.

- Ayer **llovió.**
- **Es aconsejable** decir la verdad.

Die Konjugation (la conjugación)

Konjugation (Beugung) bedeutet Abwandlung des Infinitivs des Verbs (z. B. **amar**) bezüglich Person, Zeit und Modus, d. h. der Verbstamm des Verbs (z. B. **am**) wird nicht verändert, während die Verbendung bezüglich der jeweiligen Person, Zeit und des Modus entsprechend abgewandelt wird. Der Verbstamm wird ermittelt, indem man die zu einer Hauptgruppe gehörende Endung vom vollständigen Infinitiv abtrennt.

	Stamm	Endung (im presente)
(yo)	am	**o**
(tú)	am	**as**
(él/ella)	am	**a**
(nosotros, -as)	am	**amos**
(vosotros, -as)	am	**áis**
(ellos/ellas)	am	**an**

Die Personalpronomen werden meist weggelassen, sie dienen nur zur Hervorhebung.

Die Verben lassen sich in die Konjugationsgruppen von **haber, ser** und **estar,**
der Verben auf **-AR,**
der Verben auf **-ER** und
der Verben auf **-IR**
einteilen.
Die Konjugation der einzelnen Hauptgruppen ist im folgenden anhand jeweils eines Beispielverbs dargestellt. Die einzelnen Untergruppen und ihre Besonderheiten sind in einer Zusammenfassung im Anschluß an die Hauptgruppen dargestellt.

Neben den charakteristischen Endungen der einzelnen Verbformen gibt es einige wichtige Ableitungsregeln, mit deren Hilfe ein Großteil der Formen gebildet werden kann.

Ableitung des pretérito imperfecto

Der Verbstamm des infinitivo bildet den Verbstamm des pretérito imperfecto. Die für das pretérito imperfecto charakteristischen Endungen brauchen nun nur noch an diesen Verbstamm angehängt zu werden.

infinitivo   **pens** | ar   pretérito imperfecto   **pens** | aba, **pens**abas, **pens**aba ...

Ableitung des futuro und des condicional

Die Verbformen des futuro und des condicional leiten sich direkt vom infinitivo ab.

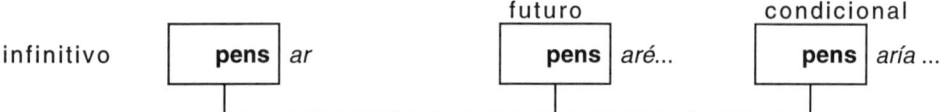

Ableitung des subjuntivo presente

Der Verbstamm der 1. Person Singular des presente bildet den Verbstamm des subjuntivo presente. Die für den subjuntivo presente charakteristischen Endungen brauchen nun nur noch an diesen Verbstamm angehängt zu werden.

Ableitung des subjuntivo imperfecto

Die Verbformen des subjuntivo imperfecto leiten sich von der 3. Person Plural des pretérito indefinido ab.

Ableitung des imperativo negativo

Die Formen des subjuntivo presente werden unverändert im imperativo negativo übernommen. Die 1. Person Singular des subjuntivo presente wird dabei nicht berücksichtigt, da der imperativo nicht in der 1. Person Singular gebildet wird.

Ableitung des imperativo afirmativo

Die 3. Person Singular des presente liefert den imperativo afirmativo in der 2. Person Singular. Der imperativo afirmativo der 2. Person Plural wird direkt vom infinitivo abgeleitet, das Endungs-r wird in -d umgewandelt.
Alle anderen Personen des imperativo afirmativo können direkt von der entsprechenden Person des subjuntivo presente übernommen werden.

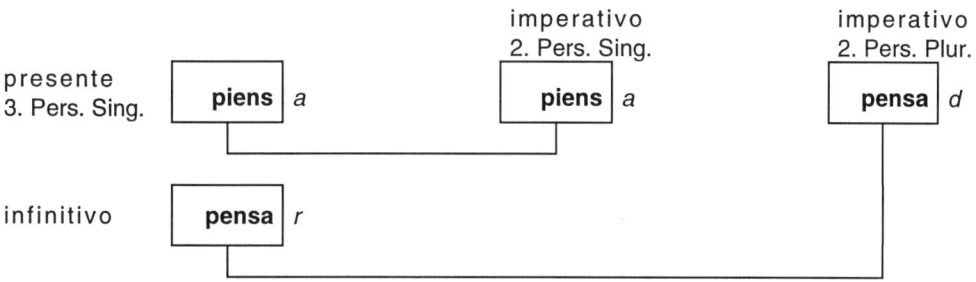

Ableitung des participio

Der Verbstamm des infinitivo bildet den Verbstamm des participio. Die für das participio charakteristische Endung braucht nun nur noch an diesen Verbstamm angehängt zu werden.

Ableitung des gerundio

Das gerundio kann vom participio abgeleitet werden. Dabei wird die Endung des participio der Verben auf **-ar** um **-n** erweitert, die Endung des participio der Verben auf **-er** und **-ir** wird jeweils um **-en** erweitert.

DAS VERB

Die Konjugation von haber (haben)

Mod.	Zeit	1. Person Singular	2. Person Singular	3. Person Singular
Ind.	Pres.	he	has	ha (hay)
	Imperf.	había	habías	había
	P. I.	hube	hubiste	hubo
	P. P.			ha habido
	P. C.			había habido
	P. A.			hubo habido
	Fut.	habré	habrás	habrá
	F. P.			habrá habido
Con.	Con.	habría	habrías	habría
	C. P.			habría habido
Sub.	Pres.	haya	hayas	haya
	Imperf.	hubiera hubiese	hubieras hubieses	hubiera hubiese
	P. P.			haya habido
	P. C.			hubiera habido hubiese habido
Imp.	afirm.		he	haya
	negat.		no hayas	no haya
Inf.	Pres.	haber		
	Perf.	haber habido		
Part.		habido		
Ger.	Pres.	habiendo		
	Perf.	habiendo habido		

Als Hilfsverb dient **haber** zur Bildung der zusammengesetzten Zeiten aller Verben. Als Vollverb Bedeutung verwendet. In der Bedeutung *haben, besitzen* wird als Vollverb **tener** verwendet (**he** *gibt.*

1. Person Plural	2. Person Plural	3. Person Plural
hemos	habéis	**han**
hab*íamos*	hab*íais*	hab*ían*
hubimos	**hubisteis**	**hubieron**
habremos	**habréis**	**habrán**
habríamos	**habríais**	**habrían**
hayamos	**hayáis**	**hayan**
hubiéramos	**hubierais**	**hubieran**
hubiésemos	**hubieseis**	**hubiesen**
hayamos	hab*ed*	**hayan**
no **hayamos**	no **hayáis**	no **hayan**

wird es in den zusammengesetzten Zeiten vor allem in der 3. Person Singular in unpersönlicher
tenido un libro (ich habe ein Buch gehabt). **Hay** ist die unpersönliche Verbform mit der Bedeutung *es*

DAS VERB

Die Konjugation von ser (sein)

Mod.	Zeit	1. Person Singular		2. Person Singular		3. Person Singular	
Ind.	Pres.	**soy**		**eres**		**es**	
	Imperf.	**era**		**eras**		**era**	
	P. I.	**fui**		**fuiste**		**fue**	
	P. P.	*he*	*sido*	*has*	*sido*	*ha*	*sido*
	P. C.	*había*	*sido*	*habías*	*sido*	*había*	*sido*
	P. A.	*hube*	*sido*	*hubiste*	*sido*	*hubo*	*sido*
	Fut.	s*eré*		s*erás*		s*erá*	
	F. P.	*habré*	*sido*	*habrás*	*sido*	*habrá*	*sido*
Con.	Con.	s*ería*		s*erías*		s*ería*	
	C. P.	*habría*	*sido*	*habrías*	*sido*	*habría*	*sido*
Sub.	Pres.	**sea**		**seas**		**sea**	
	Imperf.	**fuera**		**fueras**		**fuera**	
		fuese		**fueses**		**fuese**	
	P. P.	*haya*	*sido*	*hayas*	*sido*	*haya*	*sido*
	P. C.	*hubiera*	*sido*	*hubieras*	*sido*	*hubiera*	*sido*
		hubiese	*sido*	*hubieses*	*sido*	*hubiese*	*sido*
Imp.	afirm.			**sé**		**sea**	
	negat.			no	**seas**	no	**sea**
Inf.	Pres.	s*er*					
	Perf.	*haber*	*sido*				
Part.		*sido*					
Ger.	Pres.	s*iendo*					
	Perf.	*habiendo*	*sido*				

1. Person Plural		2. Person Plural		3. Person Plural	
somos		**sois**		**son**	
éramos		**erais**		**eran**	
fuimos		**fuisteis**		**fueron**	
hemos	*sido*	*habéis*	*sido*	*han*	*sido*
habíamos	*sido*	*habíais*	*sido*	*habían*	*sido*
hubimos	*sido*	*hubisteis*	*sido*	*hubieron*	*sido*
	seremos		*seréis*		*serán*
habremos	*sido*	*habréis*	*sido*	*habrán*	*sido*
	seríamos		*seríais*		*serían*
habríamos	*sido*	*habríais*	*sido*	*habrían*	*sido*
seamos		**seáis**		**sean**	
fuéramos		**fuerais**		**fueran**	
fuésemos		**fueseis**		**fuesen**	
hayamos	*sido*	*hayáis*	*sido*	*hayan*	*sido*
hubiéramos	*sido*	*hubierais*	*sido*	*hubieran*	*sido*
hubiésemos	*sido*	*hubieseis*	*sido*	*hubiesen*	*sido*
seamos		*sed*		**sean**	
no	**seamos**	no	**seáis**	no	**sean**

DAS VERB

Die Konjugation von est*ar* (sein)

Mod.	Zeit	1. Person Singular	2. Person Singular	3. Person Singular
Ind.	Pres.	**estoy**	**estás**	**está**
	Imperf.	est*aba*	est*abas*	est*aba*
	P. I.	**estuve**	**estuviste**	**estuvo**
	P. P.	*he* estad*o*	*has* estad*o*	*ha* estad*o*
	P. C.	*había* estad*o*	*habías* estad*o*	*había* estad*o*
	P. A.	*hube* estad*o*	*hubiste* estad*o*	*hubo* estad*o*
	Fut.	est*aré*	est*arás*	est*ará*
	F. P.	*habré* estad*o*	*habrás* estad*o*	*habrá* estad*o*
Con.	Con.	est*aría*	est*arías*	est*aría*
	C. P.	*habría* estad*o*	*habrías* estad*o*	*habría* estad*o*
Sub.	Pres.	**esté**	**estés**	**esté**
	Imperf.	**estuviera** **estuviese**	**estuvieras** **estuvieses**	**estuviera** **estuviese**
	P. P.	*haya* estad*o*	*hayas* estad*o*	*haya* estad*o*
	P. C.	*hubiera* estad*o* *hubiese* estad*o*	*hubieras* estad*o* *hubieses* estad*o*	*hubiera* estad*o* *hubiese* estad*o*
Imp.	afirm.		**está**	**esté**
	negat.		no **estés**	no **esté**
Inf.	Pres.	est*ar*		
	Perf.	*haber* estad*o*		
Part.		estad*o*		
Ger.	Pres.	est*ando*		
	Perf.	*habiendo* estad*o*		

1. Person Plural	2. Person Plural	3. Person Plural
est*amos*	est*áis*	**están**
est*ábamos*	est*abais*	est*aban*
estuvimos	**estuvisteis**	**estuvieron**
hemos est*ado*	*habéis* est*ado*	*han* est*ado*
habíamos est*ado*	*habíais* est*ado*	*habían* est*ado*
hubimos est*ado*	*hubisteis* est*ado*	*hubieron* est*ado*
est*aremos*	est*aréis*	est*arán*
habremos est*ado*	*habréis* est*ado*	*habrán* est*ado*
est*aríamos*	est*aríais*	est*arían*
habríamos est*ado*	*habríais* est*ado*	*habrían* est*ado*
est*emos*	est*éis*	**estén**
estuviéramos **estuviésemos**	**estuvierais** **estuvieseis**	**estuvieran** **estuviesen**
hayamos est*ado*	*hayáis* est*ado*	*hayan* est*ado*
hubiéramos est*ado* *hubiésemos* est*ado*	*hubierais* est*ado* *hubieseis* est*ado*	*hubieran* est*ado* *hubiesen* est*ado*
est*emos*	est*ad*	**estén**
no est*emos*	no est*éis*	no **estén**

Übersicht über die Endungen der Verben auf -AR, -ER, -IR

Mod.	Zeit	1. Person Singular			2. Person Singular			3. Person Singular		
Ind.	Pres.	-o	-o	-o	-as	-es	-es	-a	-e	-e
	Imperf.	-aba	-ía	-ía	-abas	-ías	-ías	-aba	-ía	-ía
	P. I.	é	-í	-í	-aste	-iste	-iste	-ó	-ió	-ió
	P. P.	-ado	-ido	-ido	-ado	-ido	-ido	-ado	-ido	-ido
	P. C.	-ado	-ido	-ido	-ado	-ido	-ido	-ado	-ido	-ido
	P. A.	-ado	-ido	-ido	-ado	-ido	-ido	-ado	-ido	-ido
	Fut.	-aré	-eré	-iré	-arás	-erás	-irás	-ará	-erá	-irá
	F. P.	-ado	-ido	-ido	-ado	-ido	-ido	-ado	-ido	-ido
Con.	Con.	-aría	-ería	-iría	-arías	-erías	-irías	-aría	-ería	-iría
	C. P.	-ado	-ido	-ido	-ado	-ido	-ido	-ado	-ido	-ido
Sub.	Pres.	-e	-a	-a	-es	-as	-as	-e	-a	-a
	Imperf.	-ara -ase	-iera -iese	-iera -iese	-aras -ases	-ieras -ieses	-ieras -ieses	-ara -ase	-iera -iese	-iera -iese
	P. P.	-ado	-ido	-ido	-ado	-ido	-ido	-ado	-ido	-ido
	P. C.	-ado	-ido	-ido	-ado	-ido	-ido	-ado	-ido	-ido
Imp.	afirm.				-a	-e	-e	-e	-a	-a
	negat.				-es	-as	-as	-e	-a	-a
Inf.	Pres.	-ar	-er	-ir						
	Perf.	-ado	-ido	-ido						
Part.		-ado	-ido	-ido						
Ger.	Pres.	-ando	-iendo	-iendo						
	Perf.	-ado	-ido	-ido						

Diese Übersicht stellt die Endungen der 3 Hauptgruppen **-AR, -ER** und **-IR** dar. Dabei stellt die je terlegte) Spalte stellt die Endungen der Hauptgruppe **-ER** und die jeweils 3. (dunkelgrau unterleg setzten Zeiten wurde aus Gründen der Übersichtlichkeit weggelassen.

1. Person Plural			2. Person Plural			3. Person Plural		
-amos	-emos	-imos	-áis	-éis	-ís	-an	-en	-en
-ábamos	-íamos	-íamos	-abais	-íais	-íais	-aban	-ían	-ían
-amos	-imos	-imos	-asteis	-isteis	-isteis	-aron	-ieron	-ieron
-ado	-ido	-ido	-ado	-ido	-ido	-ado	-ido	-ido
-ado	-ido	-ido	-ado	-ido	-ido	-ado	-ido	-ido
-ado	-ido	-ido	-ado	-ido	-ido	-ado	-ido	-ido
-aremos	-eremos	-iremos	-aréis	-eréis	-iréis	-arán	-erán	-irán
-ado	-ido	-ido	-ado	-ido	-ido	-ado	-ido	-ido
-aríamos	-eríamos	-iríamos	-aríais	-eríais	-iríais	-arían	-erían	-irían
-ado	-ido	-ido	-ado	-ido	-ido	-ado	-ido	-ido
-emos	-amos	-amos	-éis	-áis	-áis	-en	-an	-an
-áramos -ásemos	-iéramos -iésemos	-iéramos -iésemos	-arais -aseis	-ierais -ieseis	-ierais -ieseis	-aran -asen	-ieran -iesen	-ieran -iesen
-ado	-ido	-ido	-ado	-ido	-ido	-ado	-ido	-ido
-ado	-ido	-ido	-ado	-ido	-ido	-ado	-ido	-ido
-emos	-amos	-amos	-ad	-ed	-id	-en	-an	-an
-emos	-amos	-amos	-éis	-áis	-áis	-en	-an	-an

weils 1. (weiß unterlegte) Spalte die Endungen der Hauptgruppe **-AR**, die jeweils 2. (hellgrau unte) Spalte stellt die Endungen der Hauptgruppe **-IR** dar. Das Hilfsverb **haber** in den zusammenge-

Die Konjugation der Verben auf -AR

Mod.	Zeit	1. Person Singular		2. Person Singular		3. Person Singular	
Ind.	Pres.		amo		amas		ama
	Imperf.		amaba		amabas		amaba
	P. I.		amé		amaste		amó
	P. P.	he	amado	has	amado	ha	amado
	P. C.	había	amado	habías	amado	había	amado
	P. A.	hube	amado	hubiste	amado	hubo	amado
	Fut.		amaré		amarás		amará
	F. P.	habré	amado	habrás	amado	habrá	amado
Con.	Con.		amaría		amarías		amaría
	C. P.	habría	amado	habrías	amado	habría	amado
Sub.	Pres.		ame		ames		ame
	Imperf.		amara		amaras		amara
			amase		amases		amase
	P. P.	haya	amado	hayas	amado	haya	amado
	P. C.	hubiera	amado	hubieras	amado	hubiera	amado
		hubiese	amado	hubieses	amado	hubiese	amado
Imp.	afirm.				ama		ame
	negat.			no	ames	no	ame
Inf.	Pres.		amar				
	Perf.	haber	amado				
Part.			amado				
Ger.	Pres.		amando				
	Perf.	habiendo	amado				

1. Person Plural	2. Person Plural	3. Person Plural
am**amos**	am**áis**	am**an**
am**ábamos**	am**abais**	am**aban**
am**amos**	am**asteis**	am**aron**
hemos am**ado**	habéis am**ado**	han am**ado**
habíamos am**ado**	habíais am**ado**	habían am**ado**
hubimos am**ado**	hubisteis am**ado**	hubieron am**ado**
am**aremos**	am**aréis**	am**arán**
habremos am**ado**	habréis am**ado**	habrán am**ado**
am**aríamos**	am**aríais**	am**arían**
habríamos am**ado**	habríais am**ado**	habrían am**ado**
am**emos**	am**éis**	am**en**
am**áramos** / am**ásemos**	am**arais** / am**aseis**	am**aran** / am**asen**
hayamos am**ado**	hayáis am**ado**	hayan am**ado**
hubiéramos am**ado** / hubiésemos am**ado**	hubierais am**ado** / hubieseis am**ado**	hubieran am**ado** / hubiesen am**ado**
am**emos**	am**ad**	am**en**
no am**emos**	no am**éis**	no am**en**

DAS VERB

Die Konjugation der Verben auf -ER

Mod.	Zeit	1. Person Singular		2. Person Singular		3. Person Singular	
Ind.	Pres.		beb**o**		beb**es**		beb**e**
	Imperf.		beb**ía**		beb**ías**		beb**ía**
	P. I.		beb**í**		beb**iste**		beb**ió**
	P. P.	he	beb**ido**	has	beb**ido**	ha	beb**ido**
	P. C.	había	beb**ido**	habías	beb**ido**	había	beb**ido**
	P. A.	hube	beb**ido**	hubiste	beb**ido**	hubo	beb**ido**
	Fut.		beb**eré**		beb**erás**		beb**erá**
	F. P.	habré	beb**ido**	habrás	beb**ido**	habrá	beb**ido**
Con.	Con.		beb**ería**		beb**erías**		beb**ería**
	C. P.	habría	beb**ido**	habrías	beb**ido**	habría	beb**ido**
Sub.	Pres.		beb**a**		beb**as**		beb**a**
	Imperf.		beb**iera**		beb**ieras**		beb**iera**
			beb**iese**		beb**ieses**		beb**iese**
	P. P.	haya	beb**ido**	hayas	beb**ido**	haya	beb**ido**
	P. C.	hubiera	beb**ido**	hubieras	beb**ido**	hubiera	beb**ido**
		hubiese	beb**ido**	hubieses	beb**ido**	hubiese	beb**ido**
Imp.	afirm.				beb**e**		beb**a**
	negat.			no	beb**as**	no	beb**a**
Inf.	Pres.		beb**er**				
	Perf.	haber	beb**ido**				
Part.			beb**ido**				
Ger.	Pres.		beb**iendo**				
	Perf.	habiendo	beb**ido**				

1. Person Plural		2. Person Plural		3. Person Plural	
	beb**emos**		beb**éis**		beb**en**
	beb**íamos**		beb**íais**		beb**ían**
	beb**imos**		beb**isteis**		beb**ieron**
hemos	beb**ido**	habéis	beb**ido**	han	beb**ido**
habíamos	beb**ido**	habíais	beb**ido**	habían	beb**ido**
hubimos	beb**ido**	hubisteis	beb**ido**	hubieron	beb**ido**
	beb**eremos**		beb**eréis**		beb**erán**
habremos	beb**ido**	habréis	beb**ido**	habrán	beb**ido**
	beb**eríamos**		beb**eríais**		beb**erían**
habríamos	beb**ido**	habríais	beb**ido**	habrían	beb**ido**
	beb**amos**		beb**áis**		beb**an**
	beb**iéramos**		beb**ierais**		beb**ieran**
	beb**iésemos**		beb**ieseis**		beb**iesen**
hayamos	beb**ido**	hayáis	beb**ido**	hayan	beb**ido**
hubiéramos	beb**ido**	hubierais	beb**ido**	hubieran	beb**ido**
hubiésemos	beb**ido**	hubieseis	beb**ido**	hubiesen	beb**ido**
	beb**amos**		beb**ed**		beb**an**
no	beb**amos**	no	beb**áis**	no	beb**an**

Die Konjugation der Verben auf -IR

Mod.	Zeit	1. Person Singular		2. Person Singular		3. Person Singular	
Ind.	Pres.		part**o**		part**es**		part**e**
	Imperf.		part**ía**		part**ías**		part**ía**
	P. I.		part**í**		part**iste**		part**ió**
	P. P.	he	part**ido**	has	part**ido**	ha	part**ido**
	P. C.	había	part**ido**	habías	part**ido**	había	part**ido**
	P. A.	hube	part**ido**	hubiste	part**ido**	hubo	part**ido**
	Fut.		part**iré**		part**irás**		part**irá**
	F. P.	habré	part**ido**	habrás	part**ido**	habrá	part**ido**
Con.	Con.		part**iría**		part**irías**		part**iría**
	C. P.	habría	part**ido**	habrías	part**ido**	habría	part**ido**
Sub.	Pres.		part**a**		part**as**		part**a**
	Imperf.		part**iera**		part**ieras**		part**iera**
			part**iese**		part**ieses**		part**iese**
	P. P.	haya	part**ido**	hayas	part**ido**	haya	part**ido**
	P. C.	hubiera	part**ido**	hubieras	part**ido**	hubiera	part**ido**
		hubiese	part**ido**	hubieses	part**ido**	hubiese	part**ido**
Imp.	afirm.				part**e**		part**a**
	negat.			no	part**as**	no	part**a**
Inf.	Pres.		part**ir**				
	Perf.	haber	part**ido**				
Part.			part**ido**				
Ger.	Pres.		part**iendo**				
	Perf.	habiendo	part**ido**				

1. Person Plural	2. Person Plural	3. Person Plural
part*imos*	part*ís*	part*en*
part*íamos*	part*íais*	part*ían*
part*imos*	part*isteis*	part*ieron*
hemos part*ido*	habéis part*ido*	han part*ido*
habíamos part*ido*	habíais part*ido*	habían part*ido*
hubimos part*ido*	hubisteis part*ido*	hubieron part*ido*
part*iremos*	part*iréis*	part*irán*
habremos part*ido*	habréis part*ido*	habrán part*ido*
part*iríamos*	part*iríais*	part*irían*
habríamos part*ido*	habríais part*ido*	habrían part*ido*
part*amos*	part*áis*	part*an*
part*iéramos* / part*iésemos*	part*ierais* / part*ieseis*	part*ieran* / part*iesen*
hayamos part*ido*	hayáis part*ido*	hayan part*ido*
hubiéramos part*ido* / hubiésemos part*ido*	hubierais part*ido* / hubieseis part*ido*	hubieran part*ido* / hubiesen part*ido*
part*amos*	part*id*	part*an*
no part*amos*	no part*áis*	no part*an*

DAS VERB

Die Verben mit orthographischen Änderungen

Bei einigen Verbgruppen sind die folgenden orthographischen Besonderheiten zu beachten. Wer regelmäßige Verbform dargestellt. Alle folgenden Verbformen sind ebenfalls regelmäßig zu konju gelmäßig zu konjugieren sind etc. Verbformen, die eine Änderung in einer Zeit durch alle Perso jeweils 1. Person Singular dargestellt. Alle Endungen sind kursiv, alle Besonderheiten sind fett

Die Verben auf -AR

VG	Konjugationsmerkmal	Presente	Imperfecto	P. I.
-car	Vor allen Endungen, die mit -e be- ginnen, wird das **-c** in **-qu** umge- wandelt.	busco	buscaba	bus**qu**é buscaste
-gar	Vor allen Endungen, die mit -e be- ginnen, wird das **-g** in **-gu** umge- wandelt.	pago	pagaba	pa**gu**é pagaste
-guar	Vor allen Endungen, die mit -e be- ginnen, wird **-gu** in **-gü** umgewan- delt.	fraguo	fraguaba	fra**gü**é fraguaste
-zar	Vor allen Endungen, die mit -e be- ginnen, wird das **-z** in **-c** umgewan- delt.	cruzo	cruzaba	cru**c**é cruzaste
-ebrar **-ela**r **-embla**r **-embra**r **-enda**r **-ensa**r **-enta**r **-erna**r **-erra**r **-erta**r **-esa**r **-esta**r **-eta**r **-eva**r	In allen auf dem Verbstamm beton- ten Verbformen (1. - 3. Person Sin- gular und 3. Person Plural des pres., sub. pres. und des imp.) wird das **-e** des Verbstamms in **-ie** umgewandelt. Viele Verben mit diesen Endungen werden wie die Verben auf -**AR** konjugiert.	pi**e**nso pensamos pi**e**nsan	pensaba	pensé

den mehrere Verbformen hintereinander z. B. regelmäßig konjugiert, ist stellvertretend die erste gieren, solange bis eine unregelmäßige Verbform anzeigt, daß die folgenden Verbformen unrenen hindurch aufweisen oder die durch alle Personen hindurch regelmäßig sind, sind nur in der gedruckt.

Futuro	Condicional	Sub. Pres.	Sub. Imperf.	Imp. afirm.	Participio Gerundio
buscaré	buscaría	busque	buscara/-ase	busca busque buscad busquen	buscado buscando
pagaré	pagaría	pague	pagara/-ase	paga pague pagad paguen	pagado pagando
fraguaré	fraguaría	fragüe	fraguara/-ase	fragua fragüe fraguad fragüen	fraguado fraguando
cruzaré	cruzaría	cruce	cruzara/-ase	cruza cruce cruzad crucen	cruzado cruzando
pensaré	pensaría	piense pensemos piensen	pensara/-ase	piensa pensemos piensen	pensado pensando

DAS VERB

VG	Konjugationsmerkmal	Presente	Imperfecto	P. I.
-ob*ar* -ol*ar* -on*ar* -ont*ar* -ontr*ar* -oñ*ar* -ord*ar* -ost*ar* -ostr*ar* -ov*ar*	In allen auf dem Verbstamm beton- ten Verbformen (1. - 3. Person Sin- gular und 3. Person Plural des pres., sub. pres. und des imp.) wird das **-o** des Verbstamms in **-ue** umgewandelt. Viele Verben mit diesen Endungen werden wie die Verben auf **-AR** konjugiert.	**mue**stro mostr*amos* **mue**str*an*	mostr*aba*	mostr*é*
-or*ar*	In allen auf dem Verbstamm beton- ten Verbformen (1. - 3. Person Sin- gular und 3. Person Plural des pres., sub. pres. und des imp.) wird das **-o** des Verbstamms in **-üe** umgewandelt. Außer **agorar** werden die meisten Verben auf **-orar** wie die Verben auf **-AR** konjugiert.	ag**üe**ro agor*amos* ag**üe**r*an*	agor*aba*	agor*é*
-ug*ar*	In allen auf dem Verbstamm beton- ten Verbformen (1. - 3. Person Sin- gular und 3. Person Plural des pres., sub. pres. und des imp.) wird das **-u** des Verbstamms in **-ue** umgewandelt. Zusätzlich wird, vor allen Endun- gen, die mit **-e** beginnen, das **-g** des Verbstamms in **-gu** umgewandelt. Außer **jugar** werden die Verben auf **-ugar** wie die Verben auf **-gar** kon- jugiert.	**jue**go jug*amos* **jue**g*an*	jug*aba*	ju**gu**é jug*aste*
-i*ar*	In allen auf dem Verbstamm beton- ten Verbformen (1. - 3. Person Sin- gular und 3. Person Plural des pres., sub. pres. und des imp.) wird das **-i** der Verbstammendung in **-í** umgewandelt. Viele Verben auf **-iar** werden wie die Verben auf **-AR** konjugiert.	crí*o* cri*amos* crí*an*	cri*aba*	cri*é*

Die Konjugation

Futuro	Condicional	Sub. Pres.	Sub. Imperf.	Imp. afirm.	Participio Gerundio
mostraré	mostraría	muestre mostremos muestren	mostrara/-ase	muestra mostremos muestren	mostrado mostrando
agoraré	agoraría	agüere agoremos agüeren	agorara/-ase	agüera agoremos agüeren	agorado agorando
jugaré	jugaría	juegue juguemos jueguen	jugara/-ase	juega juegue juguemos jugad jueguen	jugado jugando
criaré	criaría	críe criemos críen	criara/-ase	cría criemos críen	criado criando

DAS VERB

VG	Konjugationsmerkmal	Presente	Imperfecto	P. I.
-uar	In allen auf dem Verbstamm betonten Verbformen (1. - 3. Person Singular und 3. Person Plural des pres., sub. pres. und des imp.) wird das **-u** der Verbstammendung in **-ú** umgewandelt. Einige Verben auf **-uar** werden wie die Verben auf **-AR** konjugiert.	continú*o* continu*amos* continú*an*	continu*aba*	continu*é*

Die Verben auf -ER

VG	Konjugationsmerkmal	Presente	Imperfecto	P. I.
-cer	Vor allen Endungen, die mit -a, -o beginnen, wird das **-c** in **-z** umgewandelt.	ven**z***o* ven**c***es*	ven**c***ía*	ven**c***í*
-acer **-ecer** **-ocer**	Vor allen Endungen, die mit -a, -o beginnen, wird das **-c** in **-zc** umgewandelt.	cono**zc***o* cono**c***es*	cono**c***ía*	cono**c***í*
-ger	Vor allen Endungen, die mit -a, -o beginnen, wird das **-g** in **-j** umgewandelt.	co**j***o* co**g***es*	co**g***ía*	co**g***í*
-ender **-erder** **-erter**	In allen auf dem Verbstamm betonten Verbformen (1. - 3. Person Singular und 3. Person Plural des pres., sub. pres. und des imp.) wird das **-e** des Verbstamms in **-ie** umgewandelt. Viele Verben auf **-ender** werden wie die Verben auf **-ER** konjugiert.	p**ie**rd*o* perd*emos* p**ie**rd*en*	perd*ía*	perd*í*
-order **-oler** **-over** **-olver**	In allen auf dem Verbstamm betonten Verbformen (1. - 3. Person Singular und 3. Person Plural des pres., sub. pres. und des imp.) wird das **-o** des Verbstamms in **-ue** umgewandelt.	m**ue**v*o* mov*emos* m**ue**v*en* v**ue**lv*o* volv*emos* v**ue**lv*en*	mov*ía* volv*ía*	mov*í* volv*í*

Futuro	Condicional	Sub. Pres.	Sub. Imperf.	Imp. afirm.	Participio Gerundio
continuaré	continuaría	continúe continuemos continúen	continuara/ continuase	continúa continuemos continúen	continuado continuando

Futuro	Condicional	Sub. Pres.	Sub. Imperf.	Imp. afirm.	Participio Gerundio
venceré	vencería	venza	venciera/-iese	vence venza venced venzan	vencido venciendo
conoceré	conocería	conozca	conociera/ conociese	conoce conozca conoced conozcan	conocido conociendo
cogeré	cogería	coja	cogiera/-iese	coge coja coged cojan	cogido cogiendo
perderé	perdería	pierda perdamos pierdan	perdiera/-iese	pierde perdamos pierdan	perdido perdiendo
moveré	movería	mueva movamos muevan	moviera/-iese	mueve movamos muevan	movido moviendo
volveré	volvería	vuelva volvamos vuelvan	volviera/-iese	vuelve volvamos vuelvan	**vuelto** volviendo

DAS VERB

VG	Konjugationsmerkmal	Presente	Imperfecto	P. I.
ol*er*	In allen auf dem Verbstamm betonten Verbformen (1. - 3. Person Singular und 3. Person Plural des pres., sub. pres. und des imp.) wird das Anfangs-**o** in **-hue** umgewandelt.	**hue**l*o* ol*emos* **hue**l*en*	ol*ía*	ol*í*

Die Verben auf -IR

VG	Konjugationsmerkmal	Presente	Imperfecto	P. I.
-c*ir*	Vor allen Endungen, die mit -a, -o beginnen, wird das **-c** in **-z** umgewandelt.	zur**z**o zurc*es*	zurc*ía*	zurc*í*
-luc*ir*	Vor allen Endungen, die mit -a, -o beginnen, wird das **-c** in **-zc** umgewandelt.	lu**zc**o luc*es*	luc*ía*	luc*í*
-g*ir*	Vor allen Endungen, die mit -a, -o beginnen, wird das **-g** in **-j** umgewandelt.	diri**j**o dirig*es*	dirig*ía*	dirig*í*
-gu*ir*	Vor allen Endungen, die mit -a, -o beginnen, wird das **-gu** in **-g** umgewandelt.	disting*o* distingu*es*	distingu*ía*	distingu*í*
-qu*ir*	Vor allen Endungen, die mit -a, -o beginnen, wird das **-qu** in **-c** umgewandelt.	delin**c**o delinqu*es*	delinqu*ía*	delinqu*í*
-ern*ir*	In allen auf dem Verbstamm betonten Verbformen (1. - 3. Person Singular und 3. Person Plural des pres., sub. pres. und des imp.) wird das **-e** des Verbstamms in **-ie** umgewandelt.	disc**ie**rn*o* discern*imos* disc**ie**rn*en*	discern*ía*	discern*í*

Futuro	Condicional	Sub. Pres.	Sub. Imperf.	Imp. afirm.	Participio Gerundio
oleré	olería	**huel**a ol*amos* **huel**an	ol*iera/-iese*	**huel**e ol*amos* **huel**an	ol*ido* ol*iendo*

Futuro	Condicional	Sub. Pres.	Sub. Imperf.	Imp. afirm.	Participio Gerundio
zurc*iré*	zurc*iría*	zur**z**a	zurc*iera/-iese*	zur**c**e zur**z**a zurc*id* zur**z**an	zurc*ido* zurc*iendo*
luc*iré*	luc*iría*	lu**zc**a	luc*iera/-iese*	lu**c**e lu**zc**a luc*id* lu**zc**an	luc*ido* luc*iendo*
dirig*iré*	dirig*iría*	diri**j**a	dirig*iera/-iese*	dirig*e* diri**j**a dirig*id* diri**j**an	dirig*ido* dirig*iendo*
distingu*iré*	distingu*iría*	distin**g**a	distingu*iera/* distingu*iese*	distingu*e* distin**g**a distingu*id* distin**g**an	distingu*ido* distingu*iendo*
delinqu*iré*	delinqu*iría*	delin**c**a	delinqu*iera/* delinqu*iese*	delinqu*e* delin**c**a delinqu*id* delin**c**an	delinqu*ido* delinqu*iendo*
discern*iré*	discern*iría*	disc**ie**rna discern*amos* disc**ie**rnan	discern*iera/* discern*iese*	disc**ie**rne discern*amos* disc**ie**rnan	discern*ido* discern*iendo*

41

DAS VERB

VG	Konjugationsmerkmal	Presente	Imperfecto	P. I.
-irir	In allen auf dem Verbstamm beton-ten Verbformen (1. - 3. Person Sin-gular und 3. Person Plural des pres., sub. pres. und des imp.) wird das **-i** des Verbstamms in **-ie** umgewandelt.	adqu**ie**r*o* adquir*imos* adqu**ie**r*en*	adquir*ía*	adquir*í*

Die Konjugation der wichtigsten unregelmäßigen Verben

Die folgende Tabelle gibt eine Zusammenfassung der wichtigsten unregelmäßigen Verben. Wer regelmäßige Verbform dargestellt. Alle folgenden Verbformen sind ebenfalls regelmäßig zu kon wie vorgegeben, unregelmäßig zu konjugieren sind. Verbformen, die in einer Zeit durch alle Per dungen sind kursiv, alle Besonderheiten sind fett gedruckt. In der Spalte **Infinitivo** sind die wich ein, auch wenn diese nicht ausdrücklich genannt sind.

Die Verben auf -AR

Infinitivo	Presente	Imperfecto	P. I.	Futuro
andar	and*o*	and*aba*	and**uve** and**uviste** and**uvo** and**uvimos** and**uvisteis** and**uvieron**	and*aré*
dar	d**oy** d*as* d**ais** d*an*	d*aba*	d**i** d**iste** d**io** d**imos** d**isteis** d**ieron**	d*aré*
errar	**yerr**o err*amos* **yerr**an	err*aba*	err*é*	err*aré*

Futuro	Condicional	Sub. Pres.	Sub. Imperf.	Imp. afirm.	Participio Gerundio
adquir*iré*	adquir*iría*	adqu*iera* adquir*amos* adqu*ieran*	adquir*iera/* adquir*iese*	adqu*iere* adquir*amos* adqu*ieran*	adquir*ido* adquir*iendo*

den mehrere Verbformen hintereinander z. B. regelmäßig konjugiert, ist stellvertretend die erste jugieren, solange bis eine unregelmäßige Verbform anzeigt, daß die folgenden Verbformen so sonen hindurch unregelmäßig sind, sind nur in der jeweils 1. Person Singular dargestellt. Alle Entigsten Verben einer Verbgruppe aufgeführt. Dies schließt auch deren Zusammensetzungen mit

Condicional	Sub. Pres.	Sub. Imperf.	Imp. afirm.	Participio Gerundio
and*aría*	and*e*	and*uviera/-iese* and*uvieras/-ieses* and*uviera/-iese* and*uviéramos/-iésemos* and*uvierais/-ieseis* and*uvieran/-iesen*	and*a*	and*ado* and*ando*
d*aría*	d*é* d*es* d*é* d*emos* d*eis* d*en*	d*iera/-iese* d*ieras/-ieses* d*iera/-iese* d*iéramos/-iésemos* d*ierais/-ieseis* d*ieran/-iesen*	d*a* d*é* d*emos*	d*ado* d*ando*
err*aría*	**yerr***e* err*emos* **yerr***en*	errar*a/-ase*	**yerr***a* err*emos* **yerr***en*	err*ado* err*ando*

DAS VERB

Die Verben auf -ER

Infinitivo	Presente	Imperfecto	P. I.	Futuro
valer	val**g**o val**es**	val**ía**	val**í**	val**dré**
creer **le**er **pose**er **prove**er	leo	le**ía**	le**í** le**íste** le**yó** le**ímos** le**ísteis** le**yeron**	leer**é**
caer	ca**ig**o ca**es**	ca**ía**	ca**í** ca**íste** ca**yó** ca**ímos** ca**ísteis** ca**yeron**	caer**é**
traer	tra**ig**o tra**es**	tra**ía**	tra**je** tra**jiste** tra**jo** tra**jimos** tra**jisteis** tra**jeron**	traer**é**
tañer	taño	tañ**ía**	trañ**í** trañ**ó** trañ**imos** trañ**eron**	tan**eré**
caber	**quep**o cab**es**	cab**ía**	**cup**e **cup**iste **cup**o **cup**imos	cab**ré**
hacer **satisfac**er	ha**g**o hac**es**	hac**ía**	**hic**e **hic**iste **hiz**o **hic**imos	**haré**

44

Condicional	Sub. Pres.	Sub. Imperf.	Imp. afirm.	Participio Gerundio
val*dría*	val**g**a	val*iera/-iese*	val*(e)* val**g**a val*ed* val**g**an	val*ido* val*iendo*
lee*ría*	le*a*	le**yera/-yese**	lee	le*ído* le**yendo**
cae*ría*	ca**ig**a	ca**yera/-yese**	cae ca**ig**a cae*d* ca**ig**an	ca*ído* ca**yendo**
trae*ría*	tra**ig**a	tra**jera/-jese**	trae tra**ig**a trae*d* tra**ig**an	tra*ído* tra**yendo**
tañe*ría*	tañ*a*	trañ**era/-ese**	tañe	tañ*ido* tañ**endo**
cab*ría*	**quep**a	cup*iera/-iese*	cabe **quep**a cab*ed* **quep**an	cab*ido* cab*iendo*
ha**ría**	ha**g**a	hic*iera/-iese*	**haz** ha**g**a hac*ed* ha**g**an	**hecho** hac*iendo*

DAS VERB

Infinitivo	Presente	Imperfecto	P. I.	Futuro
poder	puedo podemos pueden	podía	pude pudiste pudo pudimos	podré
poner	pongo pones	ponía	puse pusiste puso pusimos	pondré
querer	quiero queremos quieren	quería	quise quisiste quiso quisimos	querré
saber	sé sabes	sabía	supe supiste supo supimos	sabré
tener	tengo tienes tenemos tienen	tenía	tuve tuviste tuvo tuvimos	tendré
ver	veo ves veis ven	veía	vi viste vio vimos	veré

Die Verben auf -IR

Infinitivo	Presente	Imperfecto	P. I.	Futuro
conducir introducir producir reducir traducir	conduzco conduces	conducía	conduje condujiste condujo condujimos condujeron	conduciré

Condicional	Sub. Pres.	Sub. Imperf.	Imp. afirm.	Participio Gerundio
pod*ría*	pued*a* podamos pued*an*	pud*iera/-iese*	pued*e* podamos pued*an*	pod*ido* pud*iendo*
pon*dría*	pon*ga*	pus*iera/-iese*	**pon** pon*ga* pon*ed* pon*gan*	**puesto** pon*iendo*
quer*ría*	quier*a* queramos quier*an*	quis*iera/-iese*	quier*e* queramos quier*an*	quer*ido* quer*iendo*
sab*ría*	sep*a*	sup*iera/-iese*	sab*e* sep*a* sab*ed* sep*an*	sab*ido* sab*iendo*
ten*dría*	ten*ga*	tuv*iera/-iese*	**ten** ten*ga* ten*ed* ten*gan*	ten*ido* ten*iendo*
ver*ía*	**ve**a	v*iera/-iese*	v*e* **ve**a v*ed* **ve**an	**visto** v*iendo*

Condicional	Sub. Pres.	Sub. Imperf.	Imp. afirm.	Participio Gerundio
conduc*iría*	conduz*ca*	conduj**era/-jese**	conduc*e* conduz*ca* conduc*id* conduz**can**	conduc*ido* conduc*iendo*

DAS VERB

Infinitivo	Presente	Imperfecto	P. I.	Futuro
advert*ir* convert*ir* difer*ir* divert*ir* her*ir* ment*ir* prefer*ir* refer*ir* sent*ir*	si**e**nto sen*timos* si**e**n*ten*	sent*ía*	sent*í* si**n**t*ió* sen*timos* si**n**t*ieron*	sent*iré*
med*ir* ped*ir* repet*ir* serv*ir* vest*ir*	m**i**do me*dimos* m**i**d*en*	med*ía*	med*í* m**i**d*ió* me*dimos* m**i**d*ieron*	med*iré*
re*ír*	r*í*o re***ímos*** re*ís* r*í*en	re*ía*	re*í* re***íste*** **r**i*ó* re***ímos*** re***ísteis*** **r**i*eron*	re*iré*
teñ*ir*	ti**ñ**o te*ñimos* ti**ñ**en	teñ*ía*	teñ*í* ti**ñ***ó* te*ñimos* ti**ñ*eron***	teñ*iré*
bruñ*ir* bull*ir*	bruño	bruñ*ía*	bruñ*í* bruñ***ó*** bruñ*imos* bruñ***eron***	bruñ*iré*
dorm*ir*	d**ue**rmo dor*mimos* d**ue**rm*en*	dorm*ía*	dorm*í* d**u**rm*ió* dorm*imos* d**u**rm*ieron*	dorm*iré*
sal*ir*	sal**g**o sal*es*	sal*ía*	sal*í*	sal***dré***

48

Condicional	Sub. Pres.	Sub. Imperf.	Imp. afirm.	Participio Gerundio
sent*iría*	**si**enta sint*amos* **si**ent*an*	sint*iera/-iese*	**si**ent*e* sint*amos* sent*id* **si**ent*an*	sent*ido* sint*iendo*
med*iría*	**mi**da	**mi**d*iera/-iese*	**mi**d*e* med*id* **mi**d*an*	med*ido* **mi**d*iendo*
re*iría*	**rí**a ri*amos* **rí**an	r*iera/-iese*	**rí**e ri*amos* re**íd** **rí**an	re*ído* r*iendo*
teñ*iría*	tiñ*a*	tiñ***era/-ese***	tiñ*e* teñ*id* tiñ*an*	teñ*ido* tiñ***endo***
bruñ*iría*	bruñ*a*	bruñ***era/-ese***	bruñ*e*	bruñ*ido* bruñ***endo***
dorm*iría*	**due**rm*a* durm*amos* **due**rm*an*	durm*iera/-iese*	**due**rm*e* durm*amos* dorm*id* **due**rm*an*	dorm*ido* durm*iendo*
sal***dría***	salg*a*	sal*iera/-iese*	**sal** salg*a* sal*id* salg*an*	sal*ido* sal*iendo*

DAS VERB

Infinitivo	Presente	Imperfecto	P. I.	Futuro
o*í*r	o**ig**o o**y**es o**ímos** o*í*s o**y**en	o*í*a	o*í* o**íste** o**yó** o**ímos** o**ísteis** o**yeron**	o*í*ré
conclu*ir* constitu*ir* constru*ir* contribu*ir* destru*ir* distribu*ir* flu*ir* hu*ir* inclu*ir* su(b)stitu*ir*	hu**y**o hu*imos* hu**y**en	hu*í*a	hu*í* hu**yó** hu*imos* hu**yeron**	hu*í*ré
dec*ir*	**dig**o d**ic**es d**ec**imos d**ic**en	dec*í*a	di**j**e di**j***iste* di**j**o di**j***imos* di**jeron**	**d**i*ré*
predec*ir*	predi**g**o predi**c**es prede**c**imos predi**c**en	predec*í*a	predi**j**e predi**j***iste* predi**j**o predi**j***imos* predi**jeron**	predec*iré*
ir	**voy** **vas** **va** **vamos** **vais** **van**	**iba** **ibas** **iba** **íbamos** **ibais** **iban**	**fu**i **fu***iste* **fu**e **fu***imos* **fu**e*ron*	i*ré*
ven*ir*	veng**o** vien**es** ven*imos* vien**en**	ven*í*a	**vin**e **vin***iste* **vin**o **vin***imos*	ven**dré**

Die Konjugation

Condicional	Sub. Pres.	Sub. Imperf.	Imp. afirm.	Participio Gerundio
oiría	oiga	oyera/-yese	oye oiga oíd oigan	oído oyendo
huiría	huya	huyera/-yese	huye huid huyan	huido huyendo
diría	diga	dijera/-jese	di diga decid digan	dicho diciendo
predeciría	prediga	predijera/-jese	predice prediga predecimos predigan	predicho prediciendo
iría	vaya	fuera/-ese	ve vaya id vayan	ido yendo
vendría	venga	viniera/-iese	ven venga venid vengan	venido viniendo

Verben mit unregelmäßigen Partizipien

Einige Verben weichen nur im Partizip von der Konjugation ihrer Verbgruppe ab. Dies gilt auch für deren Zusammensetzungen, auch wenn diese hier nicht ausdrücklich genannt sind.

Verb	Bedeutung	Partizip	Verbgruppe
romp*er*	brechen	**roto**	-ER
abr*ir*	öffnen	**abierto**	-IR
cubr*ir*	bedecken	**cubierto**	-IR
circunscrib*ir*	umschreiben	**circunscrito**	-IR
describ*ir*	beschreiben	**descrito**	-IR
escrib*ir*	schreiben	**escrito**	-IR
inscrib*ir*	einschreiben	**inscrito**	-IR
prescrib*ir*	vorschreiben	**prescrito**	-IR
su(b)scrib*ir*	unterschreiben	**su(b)scrito**	-IR
mor*ir*	sterben	**muerto**	dormir

Einige Verben haben neben einem regelmäßigen auch ein unregelmäßiges Partizip. Meist wird das unregelmäßige Partizip als Adjektiv verwendet, zur Bildung der zusammengesetzten Zeiten wird das regelmäßige Partizip verwendet.

Verb	Bedeutung	Regelmäßiges Partizip	Unregelmäßiges Partizip	Verb-gruppe
salv*ar*	retten	salv*ado*	**salvo**	-AR
sepult*ar*	begraben	sepult*ado*	**sepulto**	-AR
solt*ar*	losbinden, -lassen	solt*ado*	**suelto**	-ostrar (mostrar)
compel*er*	nötigen, zwingen	compel*ido*	**compulso**	-ER
expel*er*	verjagen, -treiben	expel*ido*	**expulso**	-ER

Verb	Bedeutung	Regelmäßiges Partizip	Unregelmäßiges Partizip	Verb-gruppe
corromper	verunstalten; bestechen	corrompido	**corrupto**	-ER
prender	nehmen	prendido	**preso**	-ER
suspender	aufhängen; aufschieben	suspendido	**suspenso**	-ER
convencer	überzeugen	convencido	**convicto**	-cer (vencer)
poseer	besitzen	poseído	**poseso**	leer
comprimir	zusammenpressen	comprimido	**compreso**	-IR
consumir	auf-, verbrauchen	consumido	**consunto**	-IR
dividir	teilen; dividieren	dividido	**diviso**	-IR
imprimir	drucken	imprimido	**impreso**	-IR
sepelir	begraben	sepelido	**sepulto**	-IR
freír	braten, fritieren	freído	**frito**	reír
teñir	färben	teñido	**tinto**	teñir
concluir	abschließen, beenden	concluido	**concluso**	huir
excluir	ausschließen	excluido	**excluso**	huir
corregir	korrigieren	corregido	**correcto**	-gir (dirigir) und sentir
maldecir	verfluchen, -wünschen	maldecido	**maldito**	decir

Die Hilfsverben (los verbos auxiliares)

Die Hilfsverben **haber** (haben), **ser** (sein) und **estar** (sein) dienen zur Bildung der zusammengesetzten Zeiten und des Passivs. Neben ihrer Funktion als Hilfsverb können sie auch in der Funktion eines Vollverbs stehen.

Haber als Hilfsverb

Als Hilfsverb dient **haber** zur Bildung der zusammengesetzten Zeiten. Das Partizip des Vollverbs ist dabei stets unveränderlich. *Haben* im Sinne von *besitzen* wird mit **tener** wiedergegeben. **Tener** ist immer Vollverb, es kann nicht als Hilfsverb verwendet werden.

- Todavía no **he** *escrito* la carta a mi amigo Pepe.
  (Ich **habe** den Brief an meinen Freund Pepe noch nicht *geschrieben*.)
- No **tengo** dinero.
  (Ich **habe** kein Geld.)
- No *he* **tenido** dinero.
  (Ich *habe* kein Geld **gehabt**.)

Ser und estar als Hilfsverben

Als Hilfsverb dienen **ser** und **estar** zur Bildung des Passivs, wobei **ser** das Vorgangspassiv und **estar** das Zustandspassiv ausdrückt.

- Pepe **es** *invitado* por María.
  (Pepe **wird** von María *eingeladen*.)
- María **está** *invitada*.
  (María **ist** *eingeladen*.)

Das Partizip des Vollverbs richtet sich in Geschlecht und Zahl nach dem Subjekt, d. h. bei einem männlichen Subjekt (1. - 3. Person Singular) endet das Partizip auf **-o**, bei mehreren männlichen Subjekten (1. - 3. Person Plural) endet das Partizip auf **-os**. Bei einem weiblichen Subjekt endet das Partizip auf **-a**, bei mehreren weiblichen Subjekten endet das Partizip auf **-as**. Bei einem oder mehreren männlichen und weiblichen Subjekten endet das Partizip auf **-os**, selbst wenn nur ein männliches Subjekt unter mehreren weiblichen Subjekten ist.

Subjekt/ Geschlecht	eine Person, Sache (1. - 3. Person Singular)	mehrere Personen, Sachen (1. - 3. Person Plural)
männlich	*Pepe* **es invitado**. *Pepe* **está invitado**.	*Pepe y Juan* **son invitados**. *Pepe y Juan* **están invitados**.
weiblich	*María* **es invitada**. *María* **está invitada**.	*María y Mercedes* **son invitadas**. *María y Mercedes* **están invitadas**.
männlich und weiblich	-	*Pepe y María* **son invitados**. *Pepe y María* **están invitados**.

Haber, ser und estar als Vollverben

	ser	estar
Definition von Personen, Dingen	Zur Definition, Identifikation von Personen und Dingen (wer oder was jemand oder etwas ist). • El señor Garrote **es** médico desde hace 20 años. • El calcio **es** un elemento químico.	
Eigenschaft	Zur Bezeichnung der allgemein gegebenen Eigenschaft steht **ser** + Adjektiv, Adverb. Häufig liegt zu den mit **estar** verbundenen Adjektiven, Adverbien ein Unterschied in der Bedeutung vor.	Zur Bezeichnung der Eigenschaft kann **estar** + Adjektiv, Adverb stehen, wenn ausgedrückt werden soll, daß die Eigenschaft nur unter bestimmten Umständen oder zu einer bestimmten Zeit gegeben ist. Häufig liegt zu den mit **ser** verbundenen Adjektiven, Adverbien ein Unterschied in der Bedeutung vor.
	• **ser alegre** (ein fröhlicher Mensch sein) • **ser bueno** (brav sein) • **ser cansado** (ermüdend sein) • **ser débil** (schwach sein) • **ser joven** (jung sein) • **ser malo** (böse sein) • **ser moreno** (dunkelhaarig,-häutig sein) • **ser nuevo** ((fabrik)neu sein) • **ser viejo** (alt sein)	• **estar alegre** (gut gelaunt sein) • **estar bien** (sich gut fühlen) • **estar cansado** (müde, es leid sein) • **estar débil** (geschwächt sein) • **estar joven** (jung wirken) • **estar malo** (sich schlecht fühlen) • **estar moreno** (braungebrannt sein) • **estar nuevo** (neu(wertig) sein) • **estar viejo** (alt wirken)
	• El coche **es** *nuevo*. • Pepe **es** un chico muy *bueno*.	• *Esta noche* **estás** *muy* *elegante*. • ¿Cómo **estás**? - **Estoy** muy *bien*.
Stellung, Lage	Zur Bezeichnung der allgemeinen Lebenssituation einer Person. • ¿Qué ha **sido** de Pepe? (¿Qué se ha hecho de Pepe?) (Was ist aus Pepe **geworden**?)	Zur Bezeichnung der Stellung, Lage. • Su padre **está** en una situación desesperada.

55

	haber	ser	estar
Ortsangabe	Hay ist die unpersönliche Verbform von haber und bedeutet *es gibt.* Hay steht meist, wenn das Subjekt mit dem unbestimmten Artikel verbunden ist.	Zur genaueren Definition eines bestimmten Ortes.	Zur Bezeichnung des Ortes allgemein. Ist das Subjekt mit dem bestimmten Artikel verbunden, steht meist estar.
	• Hay dos posibilidades para resolver este problema. • Hay *un hotel* pequeño cerca de la estación.	• Mira este hotel. Es ahí donde Pepe ha pernoctado durante sus vacaciones en España.	• Cerca de la estación está el hotel 'Xenia'. • *El hotel* que busca está enfrente de la estación.

	ser	
Herkunft, Zugehörigkeit, Material	Zur Bezeichnung der Herkunft, der Zugehörigkeit, des Besitzes, des Materials etc. Zur Bezeichnung des Besitzes steht ser + de in der Bedeutung *gehören.*	• Pepe es de una familia muy rica. • Esta mesa es de cristal. • Este libro es de María. (Dieses Buch gehört María.)

	ser	estar
(An)Zahl	Zur Bezeichnung einer bestimmten Anzahl von Personen und Dingen kann ser mit und ohne Zahlwort stehen.	Zur Bezeichnung einer bestimmten Anzahl von Personen und Dingen kann estar nur stehen, wenn diese auch wirklich anwesend, vorhanden sind.
	• ¿Cuántas personas vienen? - No lo sé, pero son muchas. • ¿Cuántas personas vienen? - Son treinta. (... es sind (kommen) 30.)	• ¿Cuántas personas vienen? - No lo sé exactamente, pero de momento están treinta. (... momentan sind 30 da.)

Die Modalverben (los verbos modales)

Modalverben wandeln den Inhalt eines anderen Verbs ab. Ihnen folgt meist ein Infinitiv eines anderen Verbs (ohne Präposition).

Deber, deber de, haber de, tener que

	deber	deber de
Notwendigkeit	Zum Ausdruck einer nicht durch äußeren Zwang, durch äußere Umstände gegebenen Notwendigkeit (müssen).	Zum Ausdruck einer durch äußeren Zwang, durch äußere Umstände gegebenen Notwendigkeit (müssen). In der Umgangssprache steht hier meist nur **deber.**
	• **Debemos** terminar este trabajo para mañana.	• El tren llega a la una por lo que **debemos (de)** partir a tiempo.

haber de	tener que
Zum Ausdruck einer für den Sprecher bestehenden Notwendigkeit oder einer für die Zukunft geltenden Notwendigkeit (wird müssen).	Zum Ausdruck einer durch äußeren Zwang gegebenen Notwendigkeit. Statt **tener que** steht hier häufiger die unpersönliche Verbform von **haber, hay que** (man muß).
• **Habremos de** aprender mucho si queremos pasar el examen.	• **Tengo que** trabajar durante las vacaciones. • No **hay que** preocuparse.

Poder, saber

	poder	saber
Fähigkeit	Zum Ausdruck einer körperlichen oder geistigen Fähigkeit (können).	Zum Ausdruck einer angeborenen oder erlernten Fähigkeit (können).
	• ¿**Puedes** ayudarme? • ¿**Puedes** venir hoy?	• Pedro **sabe** inglés muy bien. (Pedro **kann/spricht** sehr gut Englisch.)
Erlaubnis, Zustimmung	Zum Ausdruck der Erlaubnis, Zustimmung (dürfen). • **Puedes** fumar aquí. • **Puedes** salir esta noche.	

Querer, quisiera (querría)

Wille, Wunsch

querer	quisiera, (querría)	ir + a
Zum Ausdruck des Willens, Wunsches.	Zum Ausdruck des Wunsches. Formulierungen mit **quisiera** klingen sehr höflich. **Querría** wird selten verwendet.	Zum Ausdruck des festen Willens, der Absicht als Ersatz für **querer** und **quisiera** **(querría)**.
• **Quiero** pasar las vacaciones en España. (Ich **möchte** die Ferien in Spanien verbringen.)	• **Quisiera** pasar las vacaciones en España. (Er **möchte** die Ferien **gerne** in Spanien verbringen.)	• **Voy a** pasar las vacaciones en España. (Ich **werde** die Ferien in Spanien verbringen.)

Hacer

Lassen, veranlassen

hacer	ir + a
Zum Ausdruck des Lassens, Veranlassens. Zum Ausdruck des Lassens, Zulassens (nicht Veranlassens) steht **dejar**.	Zum Ausdruck des Lassens, Veranlassens als Ersatzverb für **hacer**.
• Me **haré** cortar el pelo. (Ich **werde** mir die Haare schneiden **lassen.**) • **Déja**me terminar este trabajo. (**Laß** mich diese Arbeit beenden.)	• Me **voy a** cortar el pelo. (Ich **werde** mir die Haare schneiden **lassen.**) • **Voy a** terminar este trabajo lo más pronto posible.

Die unpersönlichen Verben (los verbos impersonales)

Die unpersönlichen Verben kommen nur in der 3. Person Singular vor und stehen ohne eigenes Subjekt.
Viele unpersönliche Verben und Ausdrücke stehen mit dem subjuntivo. Diese sind im folgenden durch * gekennzeichnet.

> • **Es aconsejable que** digas la verdad.
> • **Es cierto que** viene.
> • **Es indudable que** viene.
> • **Es lógico que** Pedro vaya a estudiar a Madrid.

• **es aconsejable** *	(es ist ratsam)	• **es indudable** *	(es ist unzweifelhaft)
• **es bueno** *	(es ist gut)	• **es una lástima** *	(es ist schade)
• **es cierto**	(es ist sicher/wahr)	• **es lógico** *	(es ist logisch)
• **es estupendo** *	(es ist erstaunlich)	• **llueve**	(es regnet)
• **es evidente**	(es ist eindeutig)	• **es mejor** *	(es ist besser)
• **es extraño** *	(es ist seltsam)	• **es natural** *	(es ist natürlich)
• **graniza**	(es hagelt)	• **es necesario** *	(es ist notwendig)
• **hay**	(es gibt)	• **nieve**	(es schneit)
• **hay** (+ inf.)	(man muß)	• **da pena** *	(es ist schade)
• **no hay** (+ inf.)	(man braucht/soll nicht)	• **es posible** *	(es ist möglich)
• **hiela**	(es friert)	• **es probable** *	(es ist wahrscheinlich)
• **lo importa** *	(es ist wichtig)	• **puede (ser)** *	(es kann sein)
• **es importante** *	(es ist wichtig)	• **es seguro**	(es ist sicher)
• **es de importancia** *	(es ist wichtig)	• **lo siento** *	(es tut mir leid)
• **no importa** *	(egal ob)	• **tuona**	(es donnert)
• **es imposible** *	(es ist unmöglich)	• **es urgente** *	(es ist dringend)
• **es improbable** *	(es ist wahrscheinlich)		

Die reflexiven Verben (los verbos reflexivos)

Reflexive Verben sind Verben, die von einem Reflexivpronomen begleitet werden. Reflexivpronomen und Subjekt bezeichnen dieselbe Person oder Sache.

Es ist zu beachten, daß nicht jedes Verb, das im Deutschen reflexiv verwendet wird auch im Spanischen reflexiv verwendet werden kann und umgekehrt.

Nur reflexiv verwendete Verben

Einige Verben können im Spanischen nur reflexiv verwendet werden.

- Pedro **se queja** siempre de su esposa.
(Pedro **beklagt sich** immer über seine Frau.)

Gelegentlich reflexiv verwendete Verben

Reflexivkonstruktionen sind im Spanischen ein beliebtes Stilmittel und werden häufig statt des Passivs und zur Umschreibung eines unbestimmten Subjekts (*man*) verwendet.
Ist das direkte Objekt eine Sache und steht es im Plural, so steht das reflexive Verb auch im Plural. Ist das direkte Objekt eine Person, so steht das reflexive Verb im Singular.

- Esto **se ve** raras veces.
(Das **sieht man** selten.)
- Aquí **se ensancha** *la calle.*
(Hier **wird** *die Straße* **verbreitert.**)
- Aquí **se ensanchan** *las calles.*
(Hier **werden** *die Straßen* **verbreitert.**)
- Aquí **se puede** encontrar *a todos los amigos.*
(Hier **kann man** *alle Freunde* treffen.)

Einige Verben werden sowohl reflexiv als auch nicht reflexiv verwendet.
Die reflexiv verwendeten Verben drücken häufig die Anteilnahme aus. Diese Verwendungsweise ist vor allem in der Umgangssprache sehr beliebt.
Gelegentlich liegt zwischen den reflexiv verwendeten und nicht reflexiv verwendeten Verben ein Unterschied in der Bedeutung vor.

- **Acostumbro** a pasar las vacaciones en España.
- Espero que ella **se acostumbre** a este trabajo.

• aburrir	(langweilen, belästigen)	• aburrirse	(sich langweilen)
• acercar	(nähern, näher bringen)	• acercarse	(sich nähern)
• acordar	(entscheiden, beschließen)	• acordarse de	(sich erinnern an)
• acostumbrar	(gewohnt sein, pflegen)	• acostumbrarse a	(sich gewöhnen an)
• alegrar	(erfreuen, aufheitern)	• alegrarse	(sich freuen)
• burlar	(verspotten, auslachen)	• burlarse	(sich lustig machen)
• cansar	(ermüden)	• cansarse	(müde werden; satt haben)
• convertir	(umändern, -wandeln)	• convertirse en	(werden zu)

• despedir	(werfen; verabschieden)	• despedirse	(sich verabschieden)
• dirigir	(leiten, führen)	• dirigirse a	(sich wenden an)
• divertir	(unterhalten, ablenken)	• divertirse	(sich amüsieren)
• dormir	(schlafen)	• dormirse	(einschlafen)
• equivocar	(verwechseln)	• equivocarse	(sich irren)
• escapar	(entkommen)	• escaparse	(sich davonmachen)
• figurar	(bilden, gestalten)	• figurarse	(sich einbilden, vorstellen)
• fijar	(befestigen)	• fijarse	(aufpassen, merken)
• hallar	(finden, antreffen)	• hallarse	(sich befinden; fühlen)
• inclinar	(neigen)	• inclinarse	(sich bücken; neigen zu)
• ir	(gehen)	• irse	(weggehen)
• levantar	((auf)heben)	• levantarse	(aufstehen)
• llamar	(rufen)	• llamarse	(heißen)
• marchar	(marschieren)	• marcharse	(weggehen)
• meter	(hineinbringen, -legen)	• meterse	(sich einmischen)
• negar	(verneinen, ableugnen)	• negarse	(sich weigern)
• ocupar	(besetzen)	• ocuparse	(sich beschäftigen)
• parar	(auf-, anhalten)	• pararse	(stehenbleiben)
• parecer	(scheinen)	• parecerse a	(ähneln)
• perder	(verlieren)	• perderse	(sich verirren, verlorengehen)
• preocupar	(beunruhigen)	• preocuparse	(sich Sorgen machen)
• referir	(erzählen, berichten)	• referirse a	(sich beziehen auf)
• tratar	(handhaben, behandeln)	• tratarse de	(sich handeln um)

Reziproke Verben (los verbos recíprocos)

Reziproke Verben drücken die Gegenseitigkeit, Wechselbeziehung aus (einander, gegenseitig). Auch diese Verben werden von einem Reflexivpronomen begleitet und werden nur im Plural verwendet.
Die Gegenseitigkeit, Wechselbeziehung kann durch **uno a otro, el uno al otro** oder **mutuamente** verdeutlicht werden.

> • **Nos conocemos** desde hace mucho tiempo.
> • María y Pepe **se quieren** mucho.
> • Ellos **se quieren** *el uno al otro.*
> • María y Pepe **se ayudan** *mutuamente.*

Die Konjugation reflexiver Verben

Mod.	Zeit	1. Person Singular		2. Person Singular		3. Person Singular	
Ind.	Pres.	me	lavo	te	lavas	se	lava
	Imperf.	me	lavaba	te	lavabas	se	lavaba
	P. I.	me	lavé	te	lavaste	se	lavó
	P. P.	me he	lavado	te has	lavado	se ha	lavado
	P. C.	me había	lavado	te habías	lavado	se había	lavado
	P. A.	me hube	lavado	te hubiste	lavado	se hubo	lavado
	Fut.	me	lavaré	te	lavarás	se	lavará
	F. P.	me habré	lavado	te habrás	lavado	se habrá	lavado
Con.	Con.	me	lavaría	te	lavarías	se	lavaría
	C. P.	me habría	lavado	te habrías	lavado	se habría	lavado
Sub.	Pres.	me	lave	te	laves	se	lave
	Imperf.	me	lavara	te	lavaras	se	lavara
		me	lavase	te	lavases	se	lavase
	P. P.	me haya	lavado	te hayas	lavado	se haya	lavado
	P. C.	me hubiera	lavado	te hubieras	lavado	se hubiera	lavado
		me hubiese	lavado	te hubieses	lavado	se hubiese	lavado
Imp.	afirm.				lávate		lávese
	negat.			no	te laves	no se	lave
Inf.	Pres.	lavarse					
	Perf.	haberse	lavado				
Part.		-					
Ger.	Pres.	lavándose					
	Perf.	habiéndose	lavado				

1. Person Plural			2. Person Plural			3. Person Plural		
nos		lavamos	os		laváis	se		lavan
nos		lavábamos	os		lavabais	se		lavaban
nos		lavamos	os		lavasteis	se		lavaron
nos	hemos	lavado	os	habéis	lavado	se	han	lavado
nos	habíamos	lavado	os	habíais	lavado	se	habían	lavado
nos	hubimos	lavado	os	hubisteis	lavado	se	hubieron	lavado
nos		lavaremos	os		lavaréis	se		lavarán
nos	habremos	lavado	os	habréis	lavado	se	habrán	lavado
nos		lavaríamos	os		lavaríais	se		lavarían
nos	habríamos	lavado	os	habríais	lavado	se	habrían	lavado
nos		lavemos	os		lavéis	se		laven
nos		laváramos	os		lavarais	se		lavaran
nos		lavásemos	os		lavaseis	se		lavasen
nos	hayamos	lavado	os	hayáis	lavado	se	hayan	lavado
nos	hubiéramos	lavado	os	hubierais	lavado	se	hubieran	lavado
nos	hubiésemos	lavado	os	hubieseis	lavado	se	hubiesen	lavado
		lavémonos			lavaos			lávense
no		nos lavemos	no		os lavéis	no		se laven

Das Verb und seine Ergänzungen (los complementos del verbo)

Die Verben können eine oder mehrere der folgenden Ergänzungen, d. h. Objekte, prädikative Ergänzungen oder adverbiale Bestimmungen bei sich haben.

Verben mit direktem Objekt (verbos con objeto directo)

Das direkte Objekt ist ein Satzglied im Akkusativ, dem wen-Fall (acusativo). Es wird folglich erfragt durch die Frage **wen oder was?** und im Spanischen ohne Präposition oder mit der Präposition a angeschlossen.
Die meisten Verben, die im Deutschen mit direktem Objekt stehen, können im Spanischen auch mit direktem Objekt stehen.
Verben mit direktem Objekt nennt man transitive Verben (verbos transitivos).

Ohne Präposition angeschlossen werden direkte Objekte, die eine Person bezeichnen, die nicht (genau) bekannt ist. Dies ist vor allem der Fall, wenn diese mit dem unbestimmten Artikel verbunden ist.
Mit der Präposition a werden die direkten Objekte angeschlossen, die Personen, Tiere (zu denen ein persönliches Verhältnis besteht) oder sonstige personifizierte Begriffe bezeichnen.

- *¿***Conoces** *al señor Garrote?*
  (**Kennst** du *Herr Garrote?*)
- *¿***Conoces** *un cierto señor Garrote?*
- **Buscamos** *a nuestro gato Sultán.*
- **Buscamos** *un animal doméstico* para mi hermana pequeña.

Verben mit indirektem Objekt (verbos con objeto indirecto)

Das indirekte Objekt ist ein Satzglied im Dativ, dem wem-Fall (dativo). Es wird folglich erfragt durch die Frage **wem oder was?**.

Das indirekte Objekt wird im Spanischen in der Regel mit der Präposition a angeschlossen.

- **Daré** este libro *a María.*
  (Ich **werde** *María* dieses Buch **geben**.)

Verben mit Genitivobjekt (verbos con objeto genitivo)

Das Genitivobjekt ist ein Satzglied im Genitiv, dem wessen-Fall (genitivo). Es wird folglich erfragt durch die Frage **wessen oder was?**.

Das Genitivobjekt wird im Spanischen mit der Präposition **de** angeschlossen.

> • Éste **es** el libro *de Pedro.*
> (Dies **ist** das Buch *von Pedro.*)

Verben mit präpositionalem Objekt (verbos con objeto preposicional)

Präpositionale Objekte werden mit einer Präposition an das Verb angeschlossen. Welche Präposition das ist, hängt davon ab, welche Präposition das Verb verlangt.

> • He **hablado** *con Pedro* esta mañana.
> **(hablar con)**
> • Si viene o no **depende** *de su padre.*
> **(depender de)**

Verben ohne Objekt (verbos sin objeto)

Einige Verben stehen ohne Objektergänzung. Diese Verben heißen intransitive Verben (verbos intransitivos).

> • **Estoy** enfermo.
> • He **partido** este mediodía.

Verben mit prädikativen Ergänzungen (verbos con complementos predicativos)

Die prädikative Ergänzung kann ein Adjektiv oder Substantiv sein und bezieht sich entweder auf das Subjekt oder Objekt.
Als Adjektiv richtet sie sich in Geschlecht und Zahl nach ihrem Bezugswort.

> • *María* **es** muy *inteligente.*
> • Te **doy** *un libro* muy *interesante.*
> • Te **doy** *dos libros* muy *interesantes.*

Verben mit adverbialen Bestimmungen (verbos con complementos circunstanciales)

Adverbiale Bestimmungen (Umstandsbestimmungen) geben die Zeit (complementos temporales), den Ort (complementos locales), die Art und Weise (complementos de modo) und die Ursache, den Grund (complementos de causa) an.

> • **Partimos** *la próxima semana.*
> • **Ha llegado** *al aeropuerto.*
> • **Estamos** *tranquilos.*
> • **Estaba** loca *de alegría.*

Die Zeiten (los tiempos)

Mit Hilfe der Zeiten (Tempora) werden bestimmte Vorgänge oder Zustände der Vergangenheit, Gegenwart oder Zukunft zugeordnet.

Einfache Zeiten (los tiempos simples)

Die einfachen Zeiten werden ohne Hilfsverb gebildet.

- **Escribo** una carta.
- **Escribía** una carta.

Zusammengesetzte Zeiten (los tiempos compuestos)

Die zusammengesetzten Zeiten können nicht ohne Hilfsverb (**haber**) gebildet werden.

- **He escrito** una carta.
- **Había escrito** una carta.

Es ist zu beachten, daß die deutschen Zeiten nicht einfach ins Spanische übertragen werden können, d. h. wenn im Deutschen z. B. das Perfekt steht, ist dies im Spanischen nicht automatisch mit dem pretérito perfecto zu übersetzen. Die Auswahl der Zeiten im Spanischen ist danach zu treffen, welcher Sachverhalt ausgedrückt werden soll (z. B. Vorgang, der in die Gegenwart reicht, zukünftiger Vorgang etc.).

	Presente	
Gegenwart	Zum Ausdruck gegenwärtiger Vorgänge und Zustände.	• **Escribo** una carta. • **Leo** un libro.

	Pretérito Indefinido	Pretérito Perfecto
Vergangenheit	Zum Ausdruck eines völlig abgeschlossenen Vorgangs.	Zum Ausdruck eines abgeschlossenen Vorgangs, dessen Folgen für die Gegenwart noch von Bedeutung sind. Es steht häufig in Verbindung mit Zeitangaben, die auf einen bis zur Gegenwart reichenden Zeitraum weisen (**hoy, esta mañana, esta semana, en mi vida** etc.).
	• Colón **descubrió** América en 1492.	• Esta mañana **he escrito** una carta.

	Pluscuamperfecto	Pretérito Anterior
Vorvergangenheit	Zum Ausdruck der Vorvergangen-heit, d. h. eines Vorgangs, der be-endet war, bevor ein anderer ein-setzte.	Zum Ausdruck der Vorvergangen-heit, d. h. eines Vorgangs, der un-mittelbar vor dem Einsetzen eines anderen Vorgangs beendet war. In der modernen Sprache wird das pretérito anterior meist nur noch nach einigen temporalen Konjunk-tionen wie **después que, no bien, en cuanto, tan pronto como** ein-gesetzt.
	• **Había terminado** mi trabajo cuando mi madre entró. (Ich **hatte** meine Arbeit **beendet**, als meine Mutter hereinkam. (Das Beenden der Arbeit fand vor dem Hereinkommen der Mutter statt.))	• En cuanto **hube salido** de la casa sonó el teléfono. (Sobald ich das Haus **verlassen hatte**, klingelte das Telefon. (Das Verlassen des Hauses fand vor dem Klingeln des Telefons statt.))

	Presente	Futuro	**ir + a**
Zukunft	Zum Ausdruck der Zu-kunft, vor allem in Ver-bindung mit Zeitanga-ben, die in die Zukunft weisen (**mañana, la semana/el año que viene, la próxima semana** etc.).	Zum Ausdruck zukünf-tiger Vorgänge.	Zum Ausdruck von Vorgängen, die in der nahen Zukunft liegen, steht vor allem in ge-sprochener Sprache **ir + a** + Infinitiv.
	• La semana que viene **vamos** a Madrid. • Mañana **tenemos que** empezar a tra-bajar lo más tarde a las seis.	• La semana que viene **iré** a Madrid. • El año próximo **pasaremos** las vaca-ciones en España.	• Mañana **vamos a trabajar** más tiempo.

	Futuro Perfecto
Zum Ausdruck eines Vorgangs, der zu einem bestimmten Zeitpunkt in der Zukunft abgeschlossen sein wird. Im Deutschen wird hier häufig das Perfekt verwendet.	• **Habré terminado** este trabajo para mañana. (Ich **werde** diese Arbeit bis morgen **beendet haben**; ich **habe** diese Arbeit bis morgen **beendet**.)

Condicional	Condicional Perfecto
Zum Ausdruck eines, von der Vergangenheit aus gesehen, zukünftigen Vorgangs.	Zum Ausdruck eines Vorgangs, der von der Vergangenheit aus gesehen, zu einem bestimmten Zeitpunkt in der Zukunft abgeschlossen sein wird.
• He dicho que lo **haría** más tarde.	• Sabía que Pedro **habría abandonado** la oficina a las diez.

	Pretérito Imperfecto	Pretérito Indefinido
Gleichzeitig verlaufende/ aufeinanderfolgende Vorgänge	Zum Ausdruck gleichzeitig verlaufender Vorgänge der Vergangenheit.	Zum Ausdruck aufeinanderfolgender Vorgänge der Vergangenheit.
	• Mientras yo **escribía** una carta, mi hermano **hacía** sus deberes.	• Me **levanté** temprano, **desayuné** un café con leche y **fui** a comprar el periódico.
Noch andauernde/ neu eintretende Vorgänge	Zum Ausdruck eines noch andauernden Vorgangs, während ein anderer neu einsetzt. Der neu einsetzende Vorgang steht im pretérito indefinido. Die folgenden Verben ändern ihre Bedeutung, je nachdem ob sie einen noch andauernden Vorgang bezeichnen und im pretérito imperfecto stehen oder ob sie einen neu eintretenden Vorgang bezeichnen.	Zum Ausdruck eines neu eintretenden Vorgangs, während ein anderer noch andauert. Der noch andauernde Vorgang steht im pretérito imperfecto. Die folgenden Verben ändern ihre Bedeutung, je nachdem ob sie einen noch andauernden Vorgang bezeichnen oder ob sie einen neu eintretenden Vorgang bezeichnen und im pretérito indefinido stehen.
	• **tenía** (ich hatte) • **conocía** (ich kannte) • **sabía** (ich wußte) • **iba** (ich war unterwegs)	• **tuve** (ich bekam) • **conocí** (ich lernte kennen) • **supe** (ich erfuhr) • **fui** (ich fuhr, ging)
	• **Escribía** una carta y de repente mi madre entró.	• Escribía una carta y de repente mi madre **entró**.

	Pretérito Imperfecto	
Gewohnheiten, sich wiederholende Vorgänge	Zum Ausdruck gewohnheitsmäßiger, sich wiederholender Vorgänge in der Vergangenheit.	• Cada día me **levantaba** a las seis de la mañana y me **iba** a la cama a las diez.

Neben der rein zeitlichen Verwendung der Zeiten können mit ihnen auch modale, also nicht zeitliche Sachverhalte ausgedrückt werden.

	Futuro	Futuro Perfecto	Condicional
Vermutung	Zum Ausdruck einer auf die Gegenwart oder Zukunft weisenden Vermutung.	Zum Ausdruck der Vermutung, daß ein Vorgang bereits abgeschlossen ist.	Zum Ausdruck der Vermutung über einen vergangenen Vorgang.
	• A esta hora Pepe no **estará** en la oficina. (Um diese Uhrzeit **wird** Pepe nicht im Büro **sein**.)	• No me ha venido a recoger a la estación. Se **habrá olvidado** de mí. (... Er **wird** mich wohl **vergessen haben**.)	• ¿A qué hora ha salido de casa? - No lo sé, **serían** las dos. (... Ich weiß nicht, es **könnte** zwei Uhr **gewesen sein**.)

	Futuro
Befehl	Zum Ausdruck des Befehls, des (drohenden) Verbots.
	• No **saldrás** esta tarde. (Du **wirst** heute abend nicht **ausgehen**.)

Das Passiv (la voz pasiva)

Im Passiv vollzieht sich ein Vorgang am Subjekt, d. h. das Subjekt des Satzes ist nicht selbst der Handelnde, sondern der „Leidende". Daher wird das Passiv auch Leideform genannt.
Im Aktiv (la voz activa) ist das Subjekt selbst der Handelnde, es führt eine Handlung selbst aus (Tätigkeitsform, Tatform).

Das Passiv wird aus **ser** oder **estar** + participio gebildet, d. h. steht das Prädikat des Aktivsatzes zum Beispiel im presente, so steht **ser** bzw. **estar** im Passivsatz ebenfalls im presente und das participio des Vollverbs wird hinzugefügt.
Das direkte Objekt des Aktivsatzes wird zum Subjekt des Passivsatzes.
Der Urheber oder die Ursache der Handlung wird mit **por** angeschlossen. Er wird weggelassen, wenn er unbekannt oder irrelevant ist.

Das participio richtet sich in Geschlecht und Zahl nach dem Subjekt des Passivsatzes, d. h. bei einem männlichen Subjekt endet das participio auf **-o**, bei mehreren auf **-os**. Bei einem weiblichen Subjekt endet das participio auf **-a**, bei mehreren auf **-as**. Bei einem oder mehreren männlichen Subjekten und einem oder mehreren weiblichen Subjekten endet das participio auf **-os**, selbst wenn nur ein männliches Subjekt unter mehreren weiblichen ist. Dies ist in der folgenden Konjugationstabelle durch **o(a)s** dargestellt.

Subjekt/ Geschlecht	eine Person, Sache (1. - 3. Person Singular)	mehrere Personen, Sachen (1. - 3. Person Plural)
männlich	Pepe es invitad**o**. Pepe está invitad**o**.	Pepe y Juan son invitad**os**. Pepe y Juan están invitad**os**.
weiblich	María es invitad**a**. María está invitad**a**.	María y Mercedes son invitad**as**. María y Mercedes están invitad**as**.
männlich und weiblich	-	Pepe y María son invitad**os**. Pepe y María están invitad**os**.

Vorgangspassiv (pasiva con **ser**)

Das Vorgangspassiv bezeichnet einen Vorgang und wird im Spanischen mit **ser** und im Deutschen mit *werden* gebildet (werden-Passiv).

> • Pepe **es invitado** por María.
> (Pepe **wird** von María **eingeladen**.)

Zustandspassiv (pasiva con **estar**)

Das Zustandspassiv bezeichnet einen Zustand und wird im Spanischen mit **estar** und im Deutschen mit *sein* gebildet (sein-Passiv).

> • Pepe **está invitado**.
> (Pepe **ist eingeladen**.)

Im allgemeinen wird das Passiv im Spanischen nicht so häufig verwendet wie im Deutschen. Daher bedient sich das Spanische folgender Möglichkeiten zur Umschreibung des Passivs.

Aktiv

Das Aktiv ist dem oft schwerfälligen Passiv vorzuziehen.

> • **El cliente compra el libro.**
> **(El libro es comprado por el cliente.)**

Aktiv mit unbestimmtem Subjekt

Statt des Passivs steht, besonders in der Umgangssprache, das Aktiv mit unbestimmtem Subjekt, besonders dann, wenn der Urheber oder die Ursache der Handlung unbekannt oder unwichtig oder eine Behörde etc. ist.

> • Allí **están ensanchando** la carretera.
> (Da **wird** die Straße **verbreitert**.)
> • **Están** siempre **subiendo** los impuestos.
> (Die Steuern **werden** immer **erhöht**.)

Reflexive Verbform

Diese Möglichkeit wird eingesetzt, wenn der Urheber oder die Ursache einer Handlung unbekannt ist oder nicht genannt werden soll.

> • Este libro **se vende** bien.
> (Dieses Buch **verkauft sich** gut.)
> • Esto **se ve** raras veces.
> (Das **sieht man** selten.)

Aktiv und Vorgangspassiv

Mod.	Zeit	Aktiv				
Ind.	Pres.	**El conserje** Der Hausmeister		**abre** öffnet	**la puerta.** die Tür.	
	Imperf.	**El conserje** Der Hausmeister		**abría** öffnete	**la puerta.** die Tür.	
	P. I.	**El conserje** Der Hausmeister		**abrió** öffnete	**la puerta.** die Tür.	
	P. P.	**El conserje** Der Hausmeister	**ha** hat	**abierto**	**la puerta.** die Tür	geöffnet.
	P. C.	**El conserje** Der Hausmeister	**había** hatte	**abierto**	**la puerta.** die Tür	geöffnet.
	P. A.	**El conserje** Der Hausmeister	**hubo** hatte	**abierto**	**la puerta.** die Tür	geöffnet.
	Fut.	**El conserje** Der Hausmeister	wird	**abrirá**	**la puerta.** die Tür	öffnen.
	F. P.	**El conserje** Der Hausmeister	**habrá** wird	**abierto**	**la puerta.** die Tür	geöffnet haben.
Con.	Con.	**El conserje** Der Hausmeister	würde	**abriría**	**la puerta.** die Tür	öffnen.
	C. P.	**El conserje** Der Hausmeister	**habría** würde	**abierto**	**la puerta.** die Tür	geöffnet haben.
Sub.	Pres.	**El conserje** Der Hausmeister		**abra** öffne	**la puerta.** die Tür.	
	Imperf.	**El conserje** **El conserje** Der Hausmeister		**abriera** **abriese** öffnete	**la puerta.** **la puerta.** die Tür.	
	P. P.	**El conserje** Der Hausmeister	**haya** habe	**abierto**	**la puerta.** die Tür	geöffnet.
	P. C.	**El conserje** **El conserje** Der Hausmeister	**hubiera** **hubiese** hätte	**abierto** **abierto**	**la puerta.** **la puerta.** die Tür	geöffnet.

	Vorgangspassiv				
La puerta	**es**		**abierta**	**por el conserje.**	
Die Tür	wird			vom Hausmeister	geöffnet.
La puerta	**era**		**abierta**	**por el conserje.**	
Die Tür	wurde			vom Hausmeister	geöffnet.
La puerta	**fue**		**abierta**	**por el conserje.**	
Die Tür	wurde			vom Hausmeister	geöffnet.
La puerta	**ha**	**sido**	**abierta**	**por el conserje.**	
Die Tür	ist			vom Hausmeister	geöffnet worden.
La puerta	**había**	**sido**	**abierta**	**por el conserje.**	
Die Tür	war			vom Hausmeister	geöffnet worden.
La puerta	**hubo**	**sido**	**abierta**	**por el conserje.**	
Die Tür	war			vom Hausmeister	geöffnet worden.
La puerta	**será**		**abierta**	**por el conserje.**	
Die Tür	wird			vom Hausmeister	geöffnet werden.
La puerta	**habrá**	**sido**	**abierta**	**por el conserje.**	
Die Tür	wird			vom Hausmeister	geöffnet worden sein.
La puerta	**sería**		**abierta**	**por el conserje.**	
Die Tür	würde			vom Hausmeister	geöffnet werden.
La puerta	**habría**	**sido**	**abierta**	**por el conserje.**	
Die Tür	würde			vom Hausmeister	geöffnet worden sein.
La puerta	**sea**		**abierta**	**por el conserje.**	
Die Tür	werde			vom Hausmeister	geöffnet.
La puerta	**fuera**		**abierta**	**por el conserje.**	
La puerta	**fuese**		**abierta**	**por el conserje.**	
Die Tür	würde			vom Hausmeister	geöffnet.
La puerta	**haya**	**sido**	**abierta**	**por el conserje.**	
Die Tür	sei			vom Hausmeister	geöffnet worden.
La puerta	**hubiera**	**sido**	**abierta**	**por el conserje.**	
La puerta	**hubiese**	**sido**	**abierta**	**por el conserje.**	
Die Tür	wäre			vom Hausmeister	geöffnet worden.

DAS VERB

Aktiv und Zustandspassiv

Mod.	Zeit	Aktiv			
Ind.	Pres.	**El conserje**		**abre**	**la puerta.**
		Der Hausmeister		öffnet	die Tür.
	Imperf.	**El conserje**		**abría**	**la puerta.**
		Der Hausmeister		öffnete	die Tür.
	P. I.	**El conserje**		**abrió**	**la puerta.**
		Der Hausmeister		öffnete	die Tür.
	P. P.	**El conserje**	**ha**	**abierto**	**la puerta.**
		Der Hausmeister	hat		die Tür geöffnet.
	P. C.	**El conserje**	**había**	**abierto**	**la puerta.**
		Der Hausmeister	hatte		die Tür geöffnet.
	P. A.	**El conserje**	**hubo**	**abierto**	**la puerta.**
		Der Hausmeister	hatte		die Tür geöffnet.
	Fut.	**El conserje**		**abrirá**	**la puerta.**
		Der Hausmeister	wird		die Tür öffnen.
	F. P.	**El conserje**	**habrá**	**abierto**	**la puerta.**
		Der Hausmeister	wird		die Tür geöffnet haben.
Con.	Con.	**El conserje**		**abriría**	**la puerta.**
		Der Hausmeister	würde		die Tür öffnen.
	C. P.	**El conserje**	**habría**	**abierto**	**la puerta.**
		Der Hausmeister	würde		die Tür geöffnet haben.
Sub.	Pres.	**El conserje**		**abra**	**la puerta.**
		Der Hausmeister		öffne	die Tür.
	Imperf.	**El conserje**		**abriera**	**la puerta.**
		El conserje		**abriese**	**la puerta.**
		Der Hausmeister		öffnete	die Tür.
	P. P.	**El conserje**	**haya**	**abierto**	**la puerta.**
		Der Hausmeister	habe		die Tür geöffnet.
	P. C.	**El conserje**	**hubiera**	**abierto**	**la puerta.**
		El conserje	**hubiese**	**abierto**	**la puerta.**
		Der Hausmeister	hätte		die Tür geöffnet.

Zustandspassiv			
La puerta	**está**		**abierta.**
Die Tür	ist		geöffnet.
La puerta	**estaba**		**abierta.**
Die Tür	war		geöffnet.
La puerta	**estuvo**		**abierta.**
Die Tür	war		geöffnet.
La puerta	**ha**	**estado**	**abierta.**
Die Tür	ist		geöffnet gewesen.
La puerta	**había**	**estado**	**abierta.**
Die Tür	war		geöffnet gewesen.
La puerta	**hubo**	**estado**	**abierta.**
Die Tür	war		geöffnet gewesen.
La puerta	**estará**		**abierta.**
Die Tür	wird		geöffnet sein.
La puerta	**habrá**	**estado**	**abierta.**
Die Tür	wird		geöffnet gewesen sein.
La puerta	**estaría**		**abierta.**
Die Tür	würde		geöffnet sein.
La puerta	**habría**	**estado**	**abierta.**
Die Tür	würde		geöffnet gewesen sein.
La puerta	**esté**		**abierta.**
Die Tür	sei		geöffnet.
La puerta	**estuviera**		**abierta.**
La puerta	**estuviese**		**abierta.**
Die Tür	wäre		geöffnet.
La puerta	**haya**	**estado**	**abierta.**
Die Tür	sei		geöffnet gewesen.
La puerta	**hubiera**	**estado**	**abierta.**
La puerta	**hubiese**	**estado**	**abierta.**
Die Tür	wäre		geöffnet gewesen.

Die Konjugation des Vorgangspassivs

Mod.	Zeit	1. Person Singular		2. Person Singular		3. Person Singular	
Ind.	Pres.	**soy**	invitado(a)	**eres**	invitado(a)	**es**	invitado(a)
	Imperf.	**era**	invitado(a)	**eras**	invitado(a)	**era**	invitado(a)
	P. I.	**fui**	invitado(a)	**fuiste**	invitado(a)	**fue**	invitado(a)
	P. P.	*he* **sido**	invitado(a)	*has* **sido**	invitado(a)	*ha* **sido**	invitado(a)
	P. C.	*había* **sido**	invitado(a)	*habías* **sido**	invitado(a)	*había* **sido**	invitado(a)
	P. A.	*hube* **sido**	invitado(a)	*hubiste* **sido**	invitado(a)	*hubo* **sido**	invitado(a)
	Fut.	**seré**	invitado(a)	**serás**	invitado(a)	**será**	invitado(a)
	F. P.	*habré* **sido**	invitado(a)	*habrás* **sido**	invitado(a)	*habrá* **sido**	invitado(a)
Con.	Con.	**sería**	invitado(a)	**serías**	invitado(a)	**sería**	invitado(a)
	C. P.	*habría* **sido**	invitado(a)	*habrías* **sido**	invitado(a)	*habría* **sido**	invitado(a)
Sub.	Pres.	**sea**	invitado(a)	**seas**	invitado(a)	**sea**	invitado(a)
	Imperf.	**fuera**	invitado(a)	**fueras**	invitado(a)	**fuera**	invitado(a)
		fuese	invitado(a)	**fueses**	invitado(a)	**fuese**	invitado(a)
	P. P.	*haya* **sido**	invitado(a)	*hayas* **sido**	invitado(a)	*haya* **sido**	invitado(a)
	P. C.	*hubiera* **sido**	invitado(a)	*hubieras* **sido**	invitado(a)	*hubiera* **sido**	invitado(a)
		hubiese **sido**	invitado(a)	*hubieses* **sido**	invitado(a)	*hubiese* **sido**	invitado(a)
Imp.	afirm.			**sé**	invitado(a)	**sea**	invitado(a)
	negat.			no **seas**	invitado(a)	no **sea**	invitado(a)
Inf.	Pres.	**ser**	invitado				
	Perf.	*haber* **sido**	invitado				
Part.		**sido**	invitado				
Ger.	Pres.	**siendo** invitado					
	Perf.	*habiendo* **sido**	invitado				

1. Person Plural		2. Person Plural		3. Person Plural	
	somos invitado(a)s		**sois** invitado(a)s		**son** invitado(a)s
	éramos invitado(a)s		**erais** invitado(a)s		**eran** invitado(a)s
	fuimos invitado(a)s		**fuisteis** invitado(a)s		**fueron** invitado(a)s
hemos **sido** invitado(a)s		*habéis* **sido** invitado(a)s		*han* **sido** invitado(a)s	
habíamos **sido** invitado(a)s		*habíais* **sido** invitado(a)s		*habían* **sido** invitado(a)s	
hubimos **sido** invitado(a)s		*hubisteis* **sido** invitado(a)s		*hubieron* **sido** invitado(a)s	
	seremos invitado(a)s		**seréis** invitado(a)s		**serán** invitado(a)s
habremos **sido** invitado(a)s		*habréis* **sido** invitado(a)s		*habrán* **sido** invitado(a)s	
	seríamos invitado(a)s		**seríais** invitado(a)s		**serían** invitado(a)s
habríamos **sido** invitado(a)s		*habríais* **sido** invitado(a)s		*habrían* **sido** invitado(a)s	
	seamos invitado(a)s		**seáis** invitado(a)s		**sean** invitado(a)s
	fuéramos invitado(a)s		**fuerais** invitado(a)s		**fueran** invitado(a)s
	fuésemos invitado(a)s		**fueseis** invitado(a)s		**fuesen** invitado(a)s
hayamos **sido** invitado(a)s		*hayáis* **sido** invitado(a)s		*hayan* **sido** invitado(a)s	
hubiéramos **sido** invitado(a)s		*hubierais* **sido** invitado(a)s		*hubieran* **sido** invitado(a)s	
hubiésemos **sido** invitado(a)s		*hubieseis* **sido** invitado(a)s		*hubiesen* **sido** invitado(a)s	
	seamos invitado(a)s		**sed** invitado(a)s		**sean** invitado(a)s
no **seamos** invitado(a)s		no **seáis** invitado(a)s		no **sean** invitado(a)s	

Die Konjugation des Zustandspassivs

Mod.	Zeit	1. Person Singular	2. Person Singular	3. Person Singular
Ind.	Pres.	**estoy** invitado(a)	**estás** invitado(a)	**está** invitado(a)
	Imperf.	**estaba** invitado(a)	**estabas** invitado(a)	**estaba** invitado(a)
	P. I.	**estuve** invitado(a)	**estuviste** invitado(a)	**estuvo** invitado(a)
	P. P.	*he* **estado** invitado(a)	*has* **estado** invitado(a)	*ha* **estado** invitado(a)
	P. C.	*había* **estado** invitado(a)	*habías* **estado** invitado(a)	*había* **estado** invitado(a)
	P. A.	*hube* **estado** invitado(a)	*hubiste* **estado** invitado(a)	*hubo* **estado** invitado(a)
	Fut.	**estaré** invitado(a)	**estarás** invitado(a)	**estará** invitado(a)
	F. P.	*habré* **estado** invitado(a)	*habrás* **estado** invitado(a)	*habrá* **estado** invitado(a)
Con.	Con.	**estaría** invitado(a)	**estarías** invitado(a)	**estaría** invitado(a)
	C. P.	*habría* **estado** invitado(a)	*habrías* **estado** invitado(a)	*habría* **estado** invitado(a)
Sub.	Pres.	**esté** invitado(a)	**estés** invitado(a)	**esté** invitado(a)
	Imperf.	**estuviera** invitado(a) **estuviese** invitado(a)	**estuvieras** invitado(a) **estuvieses** invitado(a)	**estuviera** invitado(a) **estuviese** invitado(a)
	P. P.	*haya* **estado** invitado(a)	*hayas* **estado** invitado(a)	*haya* **estado** invitado(a)
	P. C.	*hubiera* **estado** invitado(a) *hubiese* **estado** invitado(a)	*hubieras* **estado** invitado(a) *hubieses* **estado** invitado(a)	*hubiera* **estado** invitado(a) *hubiese* **estado** invitado(a)
Imp.	afirm.		**está** invitado(a)	**esté** invitado(a)
	negat.		no **estés** invitado(a)	no **esté** invitado(a)
Inf.	Pres.	**estar** invitado		
	Perf.	*haber* **estado** invitado		
Part.		**estado** invitado		
Ger.	Pres.	**estando** invitado		
	Perf.	*habiendo* **estado** invitado		

1. Person Plural		2. Person Plural		3. Person Plural	
	estamos invitado(a)s		**estáis** invitado(a)s		**están** invitado(a)s
	estábamos invitado(a)s		**estabais** invitado(a)s		**estaban** invitado(a)s
	estuvimos invitado(a)s		**estuvisteis** invitado(a)s		**estuvieron** invitado(a)s
hemos **estado** invitado(a)s		*habéis* **estado** invitado(a)s		*han* **estado** invitado(a)s	
habíamos **estado** invitado(a)s		*habíais* **estado** invitado(a)s		*habían* **estado** invitado(a)s	
hubimos **estado** invitado(a)s		*hubisteis* **estado** invitado(a)s		*hubieron* **estado** invitado(a)s	
	estaremos invitado(a)s		**estaréis** invitado(a)s		**estarán** invitado(a)s
habremos **estado** invitado(a)s		*habréis* **estado** invitado(a)s		*habrán* **estado** invitado(a)s	
	estaríamos invitado(a)s		**estaríais** invitado(a)s		**estarían** invitado(a)s
habríamos **estado** invitado(a)s		*habríais* **estado** invitado(a)s		*habrían* **estado** invitado(a)s	
	estemos invitado(a)s		**estéis** invitado(a)s		**estén** invitado(a)s
	estuviéramos invitado(a)s **estuviésemos** invitado(a)s		**estuvierais** invitado(a)s **estuvieseis** invitado(a)s		**estuvieran** invitado(a)s **estuviesen** invitado(a)s
hayamos **estado** invitado(a)s		*hayáis* **estado** invitado(a)s		*hayan* **estado** invitado(a)s	
hubiéramos **estado** invitado(a)s *hubiésemos* **estado** invitado(a)s		*hubierais* **estado** invitado(a)s *hubieseis* **estado** invitado(a)s		*hubieran* **estado** invitado(a)s *hubiesen* **estado** invitado(a)s	
	estemos invitado(a)s		**estad** invitado(a)s		**estén** invitado(a)s
no **estemos** invitado(a)s		*no* **estéis** invitado(a)s		*no* **estén** invitado(a)s	

Die indirekte Rede (el estilo indirecto)

In der indirekten Rede werden Aussagen einer Person A durch eine Person B an eine dritte Person C weitergegeben.

In der indirekten Rede sind, neben der unten aufgeführten Veränderung der Zeiten, noch folgende Veränderungen bei Pronomen, Adverbien etc. vorzunehmen.

	Direkte Rede	Indirekte Rede
Einleitung	Die direkte Rede wird durch Doppelpunkt eingeleitet und in Anführungszeichen gesetzt.	Die indirekte Rede wird nicht durch Doppelpunkt und Anführungszeichen gekennzeichnet. Sie wird durch ein Verb des Sagens, Denkens oder Meinens (**decir, informar, preguntar** etc.) und nachfolgendes **que** eingeleitet. **Que** kann nicht weggelassen werden.
	• Dice: «Yo me voy.» • Dice: «He escrito una carta.»	• **Dice que** se va. • **Dice que** ha escrito una carta.
Personenangaben	Die Änderung von Personenangaben hängt letztendlich davon ab, wer eine Aussage an wen weitergibt. Im allgemeinen werden die Personenangaben, die den **Sprecher** betreffen, den **Angesprochenen** betreffen, eine **dritte Person** betreffen wie in nebenstehender Spalte aufgeführt, geändert.	Die in nebenstehender Spalte aufgeführten Personenangaben ändern sich wie folgt: 1. **Person** (der Sprecher gibt seine eigenen Worte wieder) 2. **Person** 3. **Person**
	• *(Yo)* digo: «**(Yo)** la encontraba en la iglesia.» • *(Él)* dice: «**Tú** tienes que guardar cama.» • *(Él)* dice: «**Paco** quiere encontrarte en la estación.»	• *(Yo)* digo que **(yo)** la encontraba en la iglesia. • *(Él)* dice que **(tú)** tienes que guardar cama. • *(Él)* dice que **(Paco)** quiere encontrarte en la estación.
Orts- und Zeitbestimmungen	Die folgenden Zeit- und Ortsbestimmungen ändern sich wie in nebenstehender Spalte aufgeführt.	Die in nebenstehender Spalte aufgeführten Zeit- und Ortsbestimmungen ändern sich wie folgt:

	Direkte Rede	Indirekte Rede
		Orts- und Zeitangaben, die an dem-selben Ort oder zur selben Zeit wie-dergegeben werden, bleiben unver-ändert.
	• **hoy** • **ayer** • **anteayer** • **mañana** • **pasado mañana** • **el año, mes** etc. **que viene** • **el próximo año, mes** etc. • **el año, mes** etc. **pasado** • **ahora** • **aquí**	• **aquel día** • **el día anterior** • **dos días antes** • **el día siguiente** • **dos días después** • **el año, mes** etc. **siguiente** • **el año, mes** etc. **siguiente** • **el año, mes** etc. **anterior** • **entonces** • **allí**
	• Dice: «Me voy **mañana** a Madrid.»	• Dijo que se iba **el día siguiente** a Madrid.
Fragesätze	Fragesätze in der direkten Rede (di-rekte Fragesätze) werden zwischen Fragezeichen gesetzt.	Fragesätze in der indirekten Rede (indirekte Fragesätze) werden mit Punkt abgeschlossen und mit einem Verb wie **preguntar** etc. eingeleitet.
	• Dice: «¿Has terminado tu trabajo?»	• **Pregunta** si ha terminado su trabajo.
Entscheidungs-fragen		Indirekte Entscheidungsfragen wer-den durch **si** (ob) eingeleitet. Die Wortstellung entspricht der des einfachen Aussagesatzes.
	• Dice: «¿Has terminado tu tra-bajo?» • Dice: «¿Está Pedro en el jardín?»	• Pregunta **si** ha terminado su trabajo. • Pregunta **si** Pedro está en el jar-dín.
Fragen mit Fra-gewort		Indirekte Fragesätze werden mit dem Fragewort des direkten Frage-satzes eingeleitet. Die Worstellung entspricht der des einfachen Aussagesatzes.
	• Dice: «¿**A quién** has encontra-do en la estación?»	• Pregunta que **a quién** ha encontrado en la estación.

Die Zeitenfolge in der indirekten Rede

Bei der Umwandlung der direkten Rede in die indirekte Rede ändert sich ihre Zeit nur, wenn der Einführungssatz in einer Zeit der Vergangenheit (pretérito imperfecto, pretérito indefinido, pluscuamperfecto) steht. Steht der Einführungssatz in einer Zeit der Gegenwart (presente, pretérito perfecto, futuro, condicional), wird in der indirekten Rede dieselbe Zeit verwendet wie in der direkten Rede.

Im Gegensatz zum Spanischen, wo in der indirekten Rede die Zeiten umgewandelt werden, wird im Deutschen häufig der Konjunktiv verwendet, was gewisse Kenntnisse der deutschen Grammatik voraussetzt.
Um den deutschen Konjunktiv zu umgehen, kann in der indirekten Rede dieselbe Zeit verwendet werden wie in der direkten Rede. Die indirekte Rede muß dann allerdings mit *daß* eingeleitet werden, fehlt *daß*, muß der Konjunktiv stehen.

Die folgende Übersicht zeigt die Umwandlung der Zeiten im Spanischen. Zur Veranschaulichung der deutschen Zeitenfolge wurde zum ersten Beispielsatz die deutsche Übersetzung gegeben.

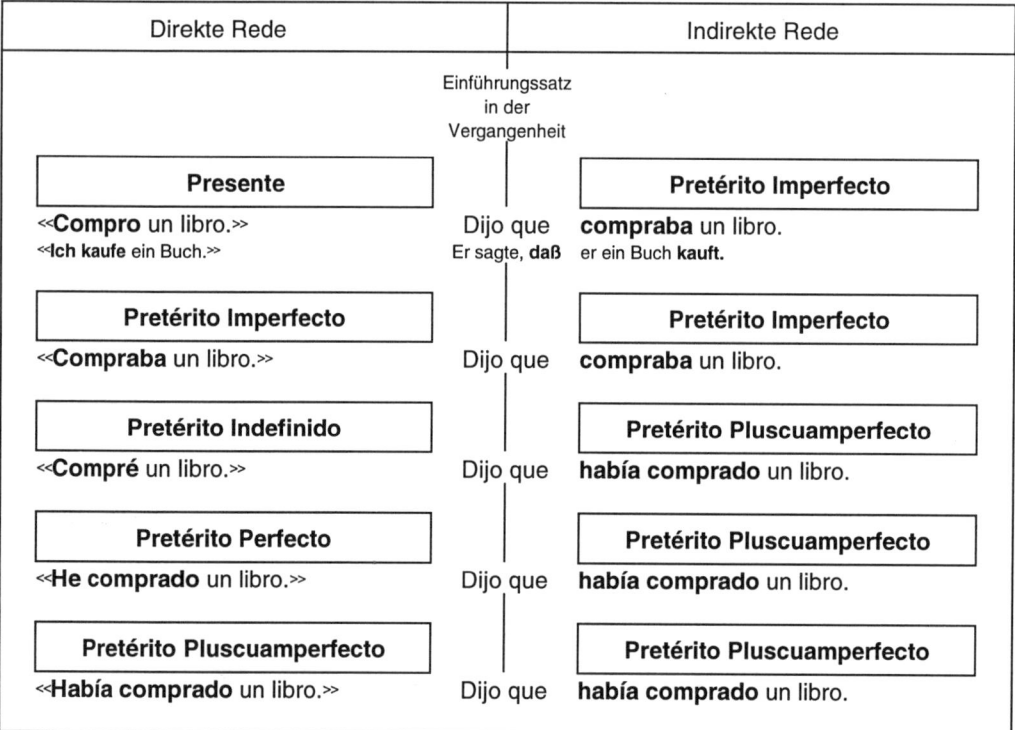

Direkte Rede	Indirekte Rede
	Einführungssatz in der Vergangenheit
Presente	**Pretérito Imperfecto**
«**Compro** un libro.»	Dijo que **compraba** un libro.
«**Ich kaufe** ein Buch.»	Er sagte, **daß** er ein Buch **kauft.**
Pretérito Imperfecto	**Pretérito Imperfecto**
«**Compraba** un libro.»	Dijo que **compraba** un libro.
Pretérito Indefinido	**Pretérito Pluscuamperfecto**
«**Compré** un libro.»	Dijo que **había comprado** un libro.
Pretérito Perfecto	**Pretérito Pluscuamperfecto**
«**He comprado** un libro.»	Dijo que **había comprado** un libro.
Pretérito Pluscuamperfecto	**Pretérito Pluscuamperfecto**
«**Había comprado** un libro.»	Dijo que **había comprado** un libro.

Direkte Rede	Indirekte Rede
	Einführungssatz in der Vergangenheit

Pretérito Anterior		**Pretérito Anterior**
«**Hube comprado** un libro.»	Dijo que	**hubo comprado** un libro.

Futuro		**Condicional**
«**Compraré** un libro.»	Dijo que	**compraría** un libro.

Futuro Perfecto		**Condicional Perfecto**
«**Habré comprado** un libro.»	Dijo que	**habría comprado** un libro.

Condicional		**Condicional**
«**Compraría** un libro.»	Dijo que	**compraría** un libro.

Condicional Perfecto		**Condicional Perfecto**
«**Habría comprado** un libro.»	Dijo que	**habría comprado** un libro.

Imperativo (afirmativo)		**Subjuntivo Presente**
«**Compra** un libro.»	Dijo que	**compre** un libro.

Imperativo (negativo)		**Subjuntivo Presente**
«**No compres** un libro.»	Dijo que	no **compre** un libro.

Das Konditional (el condicional, potencial)

Das Konditional bezeichnet als Zeit einen Vorgang, der von der Vergangenheit aus gesehen, in der Zukunft stattfindet bzw. abgeschlossen sein wird.
Als Modus drückt es die folgenden Sachverhalte aus oder steht vor allem im Bedingungssatz.

Wunsch, höfliche Bitte

Zum Ausdruck des höflich geäußerten Wunsches, der höflichen Bitte oder Aufforderung. Statt **querría** wird jedoch eher der s u b j u n - t i v o i m p e r f e c t o von **querer, quisiera** bevorzugt.

- **Querría/quisiera** pasar las vacaciones en España.
  (Ich **würde** die Ferien **gerne** in Spanien verbringen.)
- **¿Podría** Vd. describirme el camino a Madrid?
  (**Könnten** Sie mir den Weg nach Madrid beschreiben?)

Möglichkeit

Zum Ausdruck der Möglichkeit in zweifelnden Fragen oder solchen, die mit Entrüstung zurückgewiesen werden.
Im Deutschen wird dies oft mit *soll, sollte* übersetzt.

- **¿Tendría** razón?
  (**Sollte** sie recht haben?)
- ¿Qué? ¿Yo **habría dicho** eso?
  (Was? - Ich **soll(te)** das **gesagt haben?**)

Unwahrscheinlichkeit, Unwirklichkeit in Bedingungssätzen

Zum Ausdruck der Unwahrscheinlichkeit oder Unwirklichkeit steht es vor allem in Verbindung mit Bedingungssätzen meist mit **si.** Es ist zu beachten, daß im Bedingungssatz nach **si** (wenn, falls) kein f u t u r o oder c o n d i - c i o n a l stehen darf, nach **si** (ob) kann das f u t u r o oder c o n d i c i o n a l stehen.

- Te iría a buscar **si** *vinieras* a tiempo.
  (Ich würde dich abholen, **wenn** du rechtzeitig *kämst*.)
- Me ha preguntado **si** tú *vendrías*.
  (Er hat mich gefragt, **ob** du *kommen würdest*.)

Bei der Formulierung von Bedingungssätzen ist die Zeitenfolge zu beachten. Die folgende Übersicht stellt die wichtigsten Zeitenfolgen beim Bedingungssatz dar. Je nach Sinn sind auch andere Zeitenfolgen möglich.
Im Deutschen steht im Bedingungssatz häufig der Konjunktiv. Zu jedem der folgenden Beispielsätze ist als Anhaltspunkt für die Verwendung des deutschen Konjunktivs daher die deutsche Übersetzung gegeben.

Die Zeitenfolge im Bedingungssatz

Hauptsatz	Bedingungssatz (Si-Satz, Nebensatz)

Realis (die Bedingung ist erfüllbar)

Futuro		**Presente**
Te **iré** a buscar	si	**vienes** a tiempo.
Ich **hole** dich ab,	wenn	du rechtzeitig **kommst.**

Irrealis der Gegenwart (die Erfüllung der Bedingung ist unwahrscheinlich aber möglich)

Condicional		**Subjuntivo Imperfecto**
Te **iría** a buscar	si	**vinieras/vinieses** a tiempo.
Ich **holte** dich ab,	wenn	du rechtzeitig **kämst.**

Statt des oft ungebräuchlichen Konjunktivs, wird hier oft die Umschreibung mit der *würde*-Form verwendet.

Condicional		**Subjuntivo Imperfecto**
Te **iría** a buscar	si	**vinieras/vinieses** a tiempo.
Ich **würde** dich **abholen,**	wenn	du rechtzeitig **kommen würdest.**

Irrealis der Vergangenheit (die Bedingung bleibt unerfüllt)

Condicional Perfecto		**Subjuntivo Pluscuamperfecto**
Te **habría ido** a buscar	si	**hubieras/hubieses venido** a tiempo.
Ich **hätte** dich **abgeholt,**	wenn	du rechtzeitig **gekommen wärst.**

85

Der Subjuntivo

Der subjuntivo (Möglichkeitsform) ist der Modus, mit dem ein Vorgang oder Zustand als nicht wirklich, sondern als erwünscht, vorgestellt oder von einem anderen nur behauptet dargestellt wird.
Der indicativo (Wirklichkeitsform) ist der Modus, mit dem ein Vorgang oder Zustand als tatsächlich oder wirklich dargestellt wird. Diese Wirklichkeit muß nicht objektiv, sie kann auch subjektiv sein, d. h. für den Sprecher gilt diese Wirklichkeit als sicher oder erwiesen.
Der spanische subjuntivo ist nicht zu verwechseln mit dem deutschen Konjunktiv, der vor allem in der indirekten Rede und im Bedingungssatz steht. Im Spanischen steht in der indirekten Rede der indicativo.

Das Spanische kennt den subjuntivo presente, subjuntivo imperfecto, subjuntivo perfecto, subjuntivo pluscuamperfecto und den subjuntivo futuro und subjuntivo futuro perfecto. Letztere sind in der modernen Sprache nicht mehr gebräuchlich und werden daher in dieser Grammatik nicht behandelt. Subjuntivo presente und subjuntivo imperfecto dienen zum Ausdruck der Gleich- und Nachzeitigkeit, subjuntivo perfecto und subjuntivo pluscuamperfecto dienen zum Ausdruck der Vorzeitigkeit. Die genaue Zeitenfolge ist in einem Schaubild im Anschluß an die folgenden Ausführungen dargestellt. Die folgenden Ausführungen stellen die Verwendung des subjuntivo im allgemeinen dar.

Der Subjuntivo im Hauptsatz

Im Hauptsatz wird der subjuntivo recht selten verwendet, er dient dann zum Ausdruck der folgenden Sachverhalte.

Wunschgedanke

Zum Ausdruck des Wunschgedankens steht der subjuntivo mit **que** oder **ojalá.**

- *Que* **viva** España.
  (Es **lebe** Spanien.)
- *Ojalá* **venga** pronto.

Wahrscheinlichkeit

Zum Ausdruck der Unsicherheit, Wahrscheinlichkeit steht der subjuntivo vor allem nach **quizás, acaso** und **tal vez.**

- *Quizás* **venga** mañana con todos sus niños.

Einräumung

Zum Ausdruck der Einräumung kann der subjuntivo im Hauptsatz stehen.

- **Cueste** lo que **cueste.**
  (**Koste** es, was es **wolle.**)

86

Der Subjuntivo im Nebensatz (que-Satz)

Der subjuntivo steht hauptsächlich im Nebensatz nach einleitendem **que** zum Ausdruck der folgenden Sachverhalte.

	Subjuntivo	Kein Subjuntivo
Zum Ausdruck der Nichtwirklichkeit/ Wirklichkeit	Zum Ausdruck der Nichtwirklichkeit, vor allem nach verneinten Ausdrücken im Hauptsatz, die den im Nebensatz dargestellten Vorgang als nicht wirklich oder unrichtig erscheinen lassen.	Zum Ausdruck der Wirklichkeit, von Tatsachen steht der indicativo.
	• *No digo* que Vd. **mienta**; es que simplemente se equivoca.	• Desde luego, yo no le digo a nadie que tú **has roto** la ventana.
Wunsch, Verlangen	Zum Ausdruck des Wunsches, des Verlangens, vor allem nach den folgenden Verben: • **desear** • **insistir** • **empeñarse** • **pedir** • **exigir** • **querer** • **expresar el deseo** • **rogar**	Nach den folgenden Verben des Wünschens, Verlangens steht der infinitivo, vor allem bei gleichem Subjekt in Haupt- und Nebensatz. • **desear** • **insistir** • **empeñarse** • **pedir** • **exigir** • **querer** • **expresar el deseo** • **rogar**
	• *Quisiera que* **vengas** mañana. (*Ich möchte gerne*, daß **du** morgen **kommst**.) • *Deseo que* **haga** este trabajo en seguida.	• *Quisiera* **venir** mañana. (*Ich möchte gerne* morgen **kommen**.) • *Deseo* **hacer** este trabajo en seguida.
Befehl, Aufforderung	Zum Ausdruck des Befehls, der Aufforderung, vor allem nach den folgenden Verben: • **comandar** • **ordenar** • **mandar que** • **dar la orden de**	
	• El juez *ha ordenado que* el caso **sea** examinado otra vez.	
Vorschlag, Empfehlung	Zum Ausdruck des Vorschlags, der Empfehlung, vor allem nach den folgenden Verben. Ein que-Satz ist nur möglich, wenn Haupt- und Nebensatz verschiedene Subjekte haben.	Zum Ausdruck des Vorschlags, der Empfehlung steht der infinitivo, vor allem nach den folgenden Verben, wenn Haupt- und Nebensatz das gleiche Subjekt haben. Nach **advertir** steht der indicativo zum Ausdruck der Tatsache.

Subjuntivo	Kein Subjuntivo
	Nach **proponer** wird auch bei verschiedenen Subjekten im Haupt- und Nebensatz der infinitivo bevorzugt.
• aconsejar • proponer • advertir	• aconsejar • proponer • advertir
• Le *advierto que* **tenga** cuidado. • *Aconsejo que* **hagamos** este trabajo en seguida.	• Le *advierto que* no **puede** pasar por esta carretera. • *Propongo* **hacer** este trabajo en seguida.

Zweifel/ Wissen

Subjuntivo	Kein Subjuntivo
Nach den folgenden Verben des Zweifelns, Nichtglaubens. Der subjuntivo steht nur dann, wenn es sich um ein bewußtes Zweifeln handelt und nicht um ein „es nicht genau wissen".	Zum Ausdruck des Wissens, Glaubens. Der indicativo steht, wenn es sich nicht um ein bewußtes Zweifeln, sondern eher um ein „es nicht genau wissen" handelt. Nach den Verben des Zweifelns und Nichtglaubens kann nach **si** (ob) kein subjuntivo stehen.
• creer • dudar • no creer • poner en duda	• creer • dudar • no creer • saber
• *No creo que* **vaya** a pasar el examen. • *Dudamos que* **venga**.	• *No sé seguro si* **viene**. • *Dudamos si* **vas** a pasar el examen.

Erlaubnis, Zustimmung

Subjuntivo	Kein Subjuntivo
Zum Ausdruck der Erlaubnis, vor allem nach **consentir** und **permitir**.	
• Tu padre *consiente que* **pases** las vacaciones con tus amigos en España.	

Gefühl, persönliches Empfinden

Subjuntivo	Kein Subjuntivo
Zum Ausdruck eines Gefühls, des persönlichen Empfindens wie zum Beispiel Erstaunen, Verwunderung, Freude, Ärger, Mitgefühl, Bedauern, Furcht, Hoffnung etc. Hierzu gehören die folgenden Verben:	Nach **menos mal que** (nur gut, daß) steht der indicativo. Nach **esperar** steht der indicativo futuro zum Ausdruck der sicheren Erwartung.

Subjuntivo	Kein Subjuntivo
• admirarse • molestarse • alegrarse • perdonar • asombrarse • quejarse • enojarse • sentir mucho • esperar • sorprenderse • tener la esperanza • temer • extrañarse • tener miedo • lamentar	
• *Me sorprende* mucho *que* **hayas venido.** • *Espero que* **pase** el examen.	• *Menos mal que* **has terminado** el trabajo este mediodía. • *Esperamos que* nos **pagará** lo que nos debe.

Unpersönliche Verben und Ausdrücke

Subjuntivo	Kein Subjuntivo
Nach den unpersönlichen Ausdrücken, die eine Möglichkeit oder Wahrscheinlichkeit ausdrücken. • es imposible • es muy probable • es posible • es poco probable • es probable • puede ser	Nach den unpersönlichen Ausdrücken, die Tatsachen, Sicherheit ausdrücken, steht der indicativo. • es cierto • es indudable • es evidente • es seguro
• *Es posible que* **venga** mañana. • *Puede ser que* no **haya pasado** el examen.	• *Es cierto que* **ha pasado** el examen. • *Es seguro que* **viene.**
Nach **es aconsejable que** zum Ausdruck der Empfehlung.	Nach **es aconsejable** kann auch der infinitivo stehen.
• *Es aconsejable que* **trabajes** más si quieres pasar el examen.	• *Es aconsejable* **trabajar** más si quieres pasar el examen.
Nach den unpersönlichen Ausdrükken, die einen Zwang, eine Notwendigkeit, Verpflichtung ausdrücken. • es importante • no importa •es de importancia • es necesario • lo que importa • es urgente	
• *Es de* gran *importancia que* **haga** este trabajo con precisión. • *Es* absolutamente *necesario que* le **ayude.**	
Nach den unpersönlichen Ausdrükken des persönlichen Empfindens wie Freude, Zustimmung, Erstaunen, Ärger, Bedauern etc.	

Subjuntivo	Kein Subjuntivo
• **es bueno** • **es lógico** • **es estupendo** • **es mejor** • **es extraño** • **es natural** • **es una lástima** • **da pena** • *Es una lástima que* no **haya venido.** • *Es estupendo que* **haya pasado** el examen.	

	Subjuntivo	Kein Subjuntivo
Temporale Konjunktionen	Nach den folgenden temporalen Konjunktionen zum Ausdruck eines in der Zukunft liegenden (unbekannten) Zeitpunkts, Zeitraums. Es ist daher unsicher, ob ein Vorgang stattfindet. • **antes (de) que** (bevor) • **cuando** (wenn, sobald) • **hasta que** (bis) • **mientras** (während, solange) • **tan pronto como** (sobald)	Nach den folgenden temporalen Konjunktionen zum Ausdruck eines in der Vergangenheit, Gegenwart oder Zukunft liegenden (bekannten) Zeitpunkts, Zeitraums steht der i n d i c a t i v o. • **cuando** ((jedesmal) wenn) • **desde que** (seit) • **después que** (nachdem) • **hasta que** (bis) • **mientras** (während) • **siempre que** (immer wenn) • **cada vez que** (immer wenn)
	• Voy a esperar *hasta que* mi hermano **venga** a buscarme. • *Mientras* yo **prepare** la cena, tú tienes que cuidar a tu hermana pequeña.	• Esta mañana he leído *hasta que ha llamado* mi madre. • *Mientras* mi madre **prepara** la cena, tengo que cuidar a mi hermana pequeña.
Finale Konjunktionen	Die meisten finalen Konjunktionen stehen mit s u b j u n t i v o. • **a fin de que** (damit) • **de manera que** (so daß) • **de modo que** (so daß) • **para que** (damit)	Die finale Konjunktion **a fin de** (damit) steht mit dem i n f i n i t i v o.
	• Partimos pronto *a fin de que* **lleguemos** a tiempo. • Te daré mi coche *para que* **puedas** ir a buscarle al aeropuerto.	• Partimos pronto *a fin de* **llegar** a tiempo. • Empezamos ya *a fin de* **terminar** para mañana.
Kausale Konjunktionen		Die kausalen Konjunktionen stehen in der Regel mit dem i n d i c a t i v o.

	Subjuntivo	Kein Subjuntivo
		• **como** (da) • **porque** (weil) • **por eso** (deshalb) • **pues** (denn) • **puesto que** (da) • **ya que** (da)
		• No puedo venir *porque* **llueve**. • *Como* **llueve**, no puedo venir.
Konsekutive Konjunktionen	Die konsekutiven Konjunktionen stehen mit dem subjuntivo zum Ausdruck der Folge aus einer Absicht. • **de manera que** (so daß, damit) • **de modo que** (so daß, damit)	Die konsekutiven Konjunktionen stehen mit dem indicativo zum Ausdruck der Folge. • **de manera que** (so daß) • **de modo que** (so daß)
	• Hoy no saldremos *de modo que* **podamos** reunirnos en casa.	• Hoy no saldremos *de modo que* **podremos** reunirnos en casa.
Konzessive Konjunktionen	Nach den folgenden konzessiven Konjunktionen steht der subjuntivo, wenn sie in konzessiver Bedeutung verwendet werden. • **aun cuando** (selbst wenn) • **aunque** (selbst wenn) • **por mucho que** (so sehr auch) • **por más que** (so sehr auch)	Nach den folgenden konzessiven Konjunktionen steht der indicativo, wenn sie in adversativer Bedeutung verwendet werden. • **aun cuando** (obwohl) • **aunque** (obwohl)
	• *Aunque* no **tenga** mucho tiempo, te ayudaré.	• *Aunque* no **tengo** mucho tiempo, te ayudaré.
Konditionale Konjunktionen	Nach den meisten konditionalen Konjunktionen steht der subjuntivo. Nach **si** steht zum Ausdruck der unwahrscheinlichen Bedingung der subjuntivo imperfecto, zum Ausdruck der unerfüllten Bedingung steht der subjuntivo pluscuamperfecto. • **si** (wenn, falls) • **caso (de) que** (falls) • **en el caso de que** (falls) • **a condición de que** (vorausgesetzt, daß) • **con tal (de) que** (vorausgesetzt, daß)	Nach **si** (wenn, falls) steht zum Ausdruck der erfüllbaren Bedingung der indicativo presente.

Subjuntivo	Kein Subjuntivo
• Te iría a buscar *si* **vinieras/ vinieses** a tiempo. (Ich würde dich abholen, *wenn* du rechtzeitig **kommen würdest.**) • Te habría ido a buscar *si* **hubieras/hubieses venido** a tiempo. (Ich hätte dich abgeholt, *wenn* du rechtzeitig **gekommen wärst.**)	• Te iré a buscar *si* **vienes** a tiempo. (Ich hole dich ab, *wenn* du rechtzeitig **kommst.**)

Adversative Konjunktionen

	Nach den adversativen Konjunktionen steht in der Regel der **indicativo**. • **sin embargo** (trotzdem, dennoch) • **pero** (aber) • **ni ... ni** (weder ... noch) • **o ... o** (entweder ... oder) • **sino** (sondern) • **por una parte ... por otra** (einerseits ... andrerseits)
	• *Por una parte* me **gustaría** pasar las vacaciones en España pero *por otra* ya **he prometido** que voy a ir con mis padres a Grecia.

Vergleichende Konjunktionen

Nach den folgenden vergleichenden Konjunktionen steht der **subjuntivo**, wenn nicht klar ist, wie ein Vorgang stattfindet oder wenn der angesprochenen Person die Möglichkeit gegeben werden soll, ihre Wünsche zu äußern. • **(tal) como** ((so)wie) • **como si** (als ob, wie wenn)	Nach den folgenden vergleichenden Konjunktionen steht der **indicativo**, wenn klar ist, wie ein Vorgang stattfindet. • **(tal) como** ((so)wie) • **igual que** (ebenso wie) • **lo mismo que** (ebenso wie)
• Haremos todo *como* Vd. **desee**. • Se trabajará *tal como* el jefe **mande**.	• Haremos todo *como* **desea**. • Se trabajará *tal como* el jefe **manda**.

Anreihende Konjunktionen

Nach **sin que** (ohne daß) steht der **subjuntivo**.	Nach den meisten anreihenden Konjunktionen steht der **indicativo**. Vor **-i** und **-hi** wird **y** durch **e**, vor **-o** und **-ho** wird **o** durch **u** ersetzt.

	Subjuntivo	Kein Subjuntivo
		• **y, e** (und) • **o, u** (oder) • **como** (wie) • **como por ejemplo** (wie zum Beispiel) • **es decir que** (das heißt)
	• No puedes salir esta tarde *sin que* yo lo **haya permitido**.	• María *e I*sabel **se entienden** muy bien.
Ortsadverbien	Nach dem Adverb **donde,** wenn noch nicht klar ist, wo eine Handlung stattfindet und wenn der angesprochenen Person die Möglichkeit gegeben werden soll, diesbezüglich ihre Wünsche zu äußern.	Nach dem Adverb **donde** steht der indicativo, wenn klar ist, wo eine Handlung stattfindet.
	• Este año vamos a pasar las vacaciones *donde* tu **quieras.**	• Este año voy a pasar las vacaciones en España, *donde* siempre **hace** sol.
Im Relativsatz	Ist das Subjekt oder Objekt der im Relativsatz ausgedrückten Handlung nicht oder noch nicht bekannt, steht der subjuntivo. Dasselbe gilt, wenn ein im Relativsatz angegebener Zeitraum oder Zeitpunkt in der Zukunft liegt und damit noch nicht bekannt ist.	In der Frage, die durch einen Relativsatz ausgedrückt wird, steht der indicativo.
	• Cada uno puede comer *lo que* **quiera.** • Llegará el día *en que* le **vuelva** *a ver.*	• *Dígame cuánto* **tengo** que pagar. • *Dígame cuando* **vendrá.**
	Bezieht sich der Relativsatz auf eine unbekannte Anzahl von Personen oder Dingen aus einer größeren Gruppe, steht der subjuntivo.	Bezieht sich der Relativsatz auf eine bekannte Anzahl von Personen, Dingen aus einer größeren Gruppe steht der indicativo.
	• *Los que no se* **hayan inscrito** tienen que esperar allí. <small>(Es ist nicht bekannt, wieviele sich noch nicht eingeschrieben haben.)</small>	• *Los que no se* **han inscrito,** tienen que esperar allí. <small>(Es ist bekannt, wieviele sich noch nicht eingeschrieben haben.)</small>

Die Zeitenfolge in Sätzen mit subjuntivo

Die Zeit des subjuntivo im que-Satz richtet sich danach, ob der Hauptsatz in einer Zeit der Gegenwart (presente, pretérito perfecto, futuro etc.) oder in einer Zeit der Vergangenheit (pretérito imperfecto, pretérito indefinido, pluscuamperfecto etc.) steht und danach, ob der Vorgang des que-Satzes vor dem des Hauptsatzes (Vorzeitigkeit) und damit die Vergangenheit ausgedrückt wird, gleichzeitg mit dem des Hauptsatzes (Gleichzeitigkeit) und damit die Gegenwart ausgedrückt wird oder nach dem Vorgang des Hauptsatzes (Nachzeitigkeit) stattfindet und damit die Zukunft ausgedrückt wird.

	Vorzeitigkeit	Gleichzeitigkeit	Nachzeitigkeit
Hauptsatz in der Gegenwart	**Subjuntivo Perfecto**	**Subjuntivo Presente**	**Subjuntivo Presente**
No **creo** que ...	... **haya venido** ya.	... **venga.**	... **venga** mañana.
Hauptsatz in der Vergangenheit	**Subjuntivo Pluscuamperfecto**	**Subjuntivo Imperfecto**	**Subjuntivo Imperfecto**
No **creí** que ...	... **hubiera venido** ya.	... **viniera.**	... **viniera** mañana.

Der Imperativ (el imperativo)

Der Imperativ, die sogenannte Befehlsform, drückt einen Befehl, eine Aufforderung aus.
Der Imperativ kann, außer in der 1. Person Singular, in allen Personen gebildet werden, wobei besonders bejahter und verneinter Imperativ zu unterscheiden sind.

Der bejahte Imperativ (el imperativo afirmativo)

Der bejahte Imperativ kann mit und ohne die entsprechenden Personalpronomen stehen. Er steht mit dem Pronomen zum Ausdruck der Hervorhebung, die Pronomen werden dem bejahten Imperativ nachgestellt.
Der 3. Person Singular und Plural wird **Vd.** bzw. **Vds.** nachgestellt, wenn die Aufforderung, der Befehl an eine bzw. mehrere Personen gerichtet ist, die man siezt.
Die 1. Person Plural wird häufig mit **vamos a** + infinitivo umschrieben.

- **Compra** *(tú)* un libro.
  (**Kauf** ein Buch!)
- **Compre** *Vd.* un libro.
  (**Kaufen** *Sie* (eine Person) ein Buch!)
- **Compren** *Vds.* un libro.
  (**Kaufen** *Sie* (mehrere Personen) ein Buch!)
- **Compremos** *(nosotros)* un libro.
  Vamos a comprar un libro.
  (**Kaufen** *wir* ein Buch!)
- **Comprad** *(vosotros)* un libro.
  (**Kauft** ein Buch!)

Der verneinte Imperativ (el imperativo negativo)

Dem verneinten Imperativ wird **no** vorangestellt. Er kann mit und ohne die entsprechenden Personalpronomen stehen, die nachgestellt werden.
Der 3. Person Singular und Plural wird **Vd.** bzw. **Vds.** nachgestellt, wenn die Aufforderung, der Befehl an eine bzw. mehrere Personen gerichtet ist, die man siezt.
Die 1. Person Plural wird häufig mit **vamos a** + infinitivo umschrieben.

- **No compres** *(tú)* un libro.
- **No compre** *Vd.* un libro.
- **No compremos** *(nosotros)* un libro.
  No vamos a comprar un libro.
- **No compréis** *(vosotros)* un libro.
- **No compren** *Vds.* un libro.

Der Infinitiv (el infinitivo)

Der Infinitiv ist die Grundform des Verbs und gehört zu den infiniten, nicht konjugierten Verbformen, die keine Personen- oder Zeitangabe beinhalten.

Der Infinitiv steht als reiner Infinitiv (ohne Präposition) oder mit einer Präposition (meist **a, de**) nach bestimmten Verben, Substantiven oder anstelle von Neben- und Hauptsätzen und stellt in dieser Funktion ein wichtiges Stilmittel der Satzverkürzung dar. Im Deutschen wird dies mit dem entsprechenden Nebensatz wiedergegeben.
Es ist zu beachten, daß der Infinitiv im Spanischen viel weniger häufig mit einer Präposition angeschlossen wird, als der deutsche Infinitiv mit der Präposition *zu*.

Der Infinitiv nach bestimmten Verben

Der Infinitiv nach transitiven Verben

Nach einigen transitiven Verben steht der Infinitiv mit Präposition, je nachdem welche Präposition das Verb verlangt. Nachfolgend sind einige häufig verwendete Verben mit den entsprechenden Präpositionen aufgeführt.

> • *Comenzó a* **llover.**
> • *Me acostumbré a* **ir** al teatro una vez a la semana.

• acabar de	(soeben getan haben)	• dejar de	(aufhören zu)
• acabar por	(be-, vollenden zu)	• empezar a	(beginnen zu)
• acertar a	(zufällig tun)	• negarse a	(sich weigern zu)
• acostumbrarse a	(sich daran gewöhnen zu)	• ponerse a	(sich anschicken zu)
• alegrarse de	(sich freuen zu)	• quedar en	(vereinbaren zu)
• atreverse a	(wagen zu)	• tratar de	(versuchen zu)
• comenzar a	(beginnen zu)		

Der Infinitiv nach einigen Modalverben

Nach den Modalverben und nach **soler** steht der Infinitiv ohne Präposition.

> • *¿Puede* Vd. **explicar**me esta regla otra vez?

Zum Ausdruck der Schlußfolgerung, der Notwendigkeit werden die Modalverben **deber** und **haber** mit **de** an den Infinitiv angeschlossen.

> • El tren llega a la una, así que *debemos de* **partir** a tiempo.
> • *Habremos de* **aprender** mucho si queremos pasar el examen.

Der Infinitiv nach den unpersönlichen Verben

Nach vielen unpersönlichen Verben und Ausdrücken steht der Infinitiv ohne Präposition, vor allem bei gleichem Subjekt im Haupt- und Nebensatz. Viele unpersönliche Verben können auch einen que-Satz mit subjuntivo anschließen.

- Mañana *hay que* **empezar** a trabajar a las seis.
- *Es aconsejable* **trabajar** más si quieres pasar el examen.
- *Es aconsejable* **que trabajes más** si quieres pasar el examen.

Der Infinitiv nach den Verben des Veranlassens, Zulassens

Nach den Verben des Veranlassens, Zulassens und nach **prohibir** steht der Infinitiv ohne Präposition.

- *Hago* **venir** al médico.
- *Déjame* **terminar** este trabajo.
- Te *prohíbo* **salir** con él.

Nach **forzar** und **obligar** steht der Infinitiv + **a**.

- Me veo *forzado a* **decir**le la verdad.
- Me *obligo a* **pagar** tus deudas.

Der Infinitiv nach den Verben der Sinneswahrnehmung

Nach den Verben der Sinneswahrnehmung steht der Infinitiv ohne Präposition.

- Te *he visto* **salir** de casa.
- He *oído* **llegar** un coche.

Der Infinitiv nach Substantiven

Nach fast allen Substantiven steht der Infinitiv mit der Präposition **de**.

- Ahora tenemos que aprovechar *la oportunidad de* **hablar** con él.

Der Infinitiv kann zum Substantiv werden, wenn ihm der Artikel vorangestellt wird. Manche Infinitive sind echte Substantive.

- **los deberes**
  (die Aufgaben, Pflichten)
- **el poder**
  (die Macht)

Der Infinitiv anstelle von Nebensätzen

Der Infinitiv anstelle von temporalen Nebensätzen

Anstelle eines temporalen Nebensatzes steht der Infinitiv mit **al, hasta, antes de** und **después de**.

- *Al* **llegar** a la estación, el tren había partido ya.
  (**Cuando llegué** a la estación ...)

Zum Ausdruck der Vorzeitigkeit steht der infinitivo perfecto.

> • *Después de* **haber llegado** al aeropuerto, esperé más de dos horas.
> (Nachdem ich am Flughafen **angekommen war**, wartete ich mehr als zwei Stunden. Das Ankommen fand vor dem Warten statt.))

Der Infinitiv anstelle von finalen Nebensätzen

Anstelle eines finalen Nebensatzes steht der Infinitiv mit **para**.
Nach **ir** und **venir** und anderen Verben der Bewegung steht er meist mit der Präposition **a**.

> • Partimos pronto *para* **llegar** a tu casa a tiempo.
> (Partimos pronto **a fin de que lleguemos** a tu casa a tiempo.)
> • Tenéis que tomar vacaciones *para venir a* **visitar**nos.

Der Infinitiv anstelle von kausalen Nebensätzen

Anstelle eines kausalen Nebensatzes steht der Infinitiv mit **por**.

> • Va a estudiar en Madrid *por* **ser** hijo de un catedrático de la Universidad de Madrid.
> (Va a estudiar en Madrid **porque es hijo** de un catedrático de la Universidad de Madrid.)

Der Infinitiv anstelle von konzessiven Nebensätzen

Anstelle eines konzessiven Nebensatzes steht der Infinitiv mit **con**.

> • Este alumno, *con* **ser** tan inteligente, no tiene buenas notas.
> (Este alumno no tiene buenas notas **a pesar de que es** tan inteligente.)

Der Infinitiv anstelle von konditionalen Nebensätzen

Anstelle eines konditionalen Nebensatzes steht der Infinitiv mit **de**.

> • *De* no **haber**lo visto con mis propios ojos, no lo creería.
> (**Si no lo hubiese visto** con mis propios ojos, no lo creería.)

Der Infinitiv anstelle von Relativsätzen

Anstelle eines Relativsatzes, der ausdrückt, daß etwas zu erwarten oder zu tun ist, steht der Infinitiv mit **por**.

> • Tengo un montón de trabajo *por* **hacer**.
> (Tengo un montón de trabajo **que debo hacer**.)

Der Infinitiv anstelle von Hauptsätzen

Der Infinitiv anstelle von Fragesätzen

Anstelle von direkten und indirekten Frage-sätzen wird der Infinitiv ohne Präposition an das Fragewort angeschlossen.

> • ¿*Qué* **hacer?**
> (**¿Qué debemos hacer?**)
> • No sé *a quién* **dirigir**me.

Der Infinitiv anstelle von Imperativsätzen

Anstelle von allgemeinen Ge- oder Verboten steht der Infinitiv ohne Präposition.
Der Infinitiv mit **a** steht häufig als Auffor-derung, Zuruf anstelle des Imperativs.

> • **No asomarse** por la ventana.
> (**Nicht hinauslehnen.**)
> • **¡A sentarse** todos!
> (Alle **hinsetzen!**)

Das Gerundio

Das gerundio gehört zu den infiniten, nicht konjugierten Verbformen, die keine Personen- oder Zeitangabe beinhalten.
Es bezeichnet den Verlauf eines Vorgangs und ist stets unveränderlich.

Das gerundio steht nach bestimmten Verben und anstelle von Nebensätzen. In dieser Funktion ist es ein wichtiges Stilmittel zur Verkürzung von Nebensätzen.

Das Gerundio nach bestimmten Verben

Das Gerundio nach estar

Zum Ausdruck, daß ein Vorgang gerade, im Moment des Sprechens stattfindet, steht **estar** + gerundio.

- Los niños *están* **jugando** en el jardín.
  (Die Kinder **spielen gerade** im Garten.)
- Mi hermano *está* **telefoneando**.

Das Gerundio nach ir und venir

Zum Ausdruck der Entwicklung folgt das gerundio auf **ir** und **venir**, wobei sich **ir** + gerundio auf die Gegenwart und Zukunft bezieht, **venir** + gerundio bezieht sich auch auf die Vergangenheit.

- *Voy* **preparando** el examen que tendré en tres meses.
  (Ich **bereite mich nach und nach** auf die Prüfung **vor**, die ich in 3 Monaten ablegen werde.)
- *Vengo* **preparando** el examen desde hace seis meses.
  (Ich **bereite mich** *seit 6 Monaten* auf die Prüfung **vor**.)

Das Gerundio nach continuar und seguir

Auf die Verben **continuar** und **seguir** folgt stets das gerundio.

- *Continuamos* **leyendo**.
- *Seguimos* **leyendo**.
  (Wir **lesen weiter**.)

Das Gerundio nach empezar und acabar

Zum Ausdruck des Anfangs bzw. des Endes eines Vorgangs stehen die Verben **empezar** und **acabar** + gerundio.

- *Empezó* **estudiando** Matemáticas pero después abandonó sus estudios.
  (*Anfangs* **studierte er** Mathematik, aber dann brach er sein Studium ab.)

Das Gerundio nach den Verben der Sinneswahrnehmung

Nach den Verben der Sinneswahrnehmung. Das gerundio kann sich sowohl auf das Subjekt als auch auf das Objekt beziehen. Um Mißverständnisse zu vermeiden, sollte das gerundio unmittelbar nach dem Subjekt stehen, wenn es sich auf dieses bezieht, und es sollte unmittelbar nach dem Objekt stehen, wenn es sich auf das Objekt bezieht.

- *(Yo)* **saliendo** de casa, vi a mi hermano.
  (**Als ich** das Haus **verließ**, sah ich meinen Bruder.)
- Vi a *mi hermano* **saliendo** de casa.
  (Ich sah *meinen Bruder* das Haus **verlassen**.)
- *(Yo)* **paseando** por el bosque, sentía el frescor de la mañana.
- Oía a *los lobos* **aullando** en la oscuridad.

Das Gerundio anstelle von Nebensätzen

Beim Infinitiv ist durch die verwendete Präposition eindeutig ersichtlich, welcher Nebensatz verkürzt wurde, dies geht beim gerundio, außer beim Konzessivsatz, nur aus dem Zusammenhang hervor.
Es ist zu beachten, daß ein mit dem gerundio bezeichneter Vorgang nicht nach dem im Hauptsatz beschriebenen Vorgang stattfinden sollte.

Das Gerundio anstelle von temporalen Nebensätzen

Anstelle eines temporalen Nebensatzes, wobei Hauptverb und gerundio dasselbe Subjekt haben.

- **Llegando** a la estación, me di cuenta de que había olvidado el pasaporte.
  (**Cuando llegué** a la estación ...)
- **Saliendo** del cine, me encontré con Pedro.
  (**Al salir** del cine ...)

Das Gerundio anstelle von konzessiven Nebensätzen

Anstelle eines konzessiven Nebensatzes steht das gerundio mit **aun**.

- *Aun* **siendo** tan tarde, me quedaré un poco más.
  (**Aun cuando sea** tan tarde, ...)

Das Gerundio anstelle von konditionalen Nebensätzen

Das gerundio kann anstelle eines konditionalen Nebensatzes stehen.

- **Teniendo** tanto trabajo como Pedro, yo pondría manos a la obra en seguida.
  (**Si tuviese** tanto trabajo como Pedro ...)

Das Partizip (el participio)

Das Partizip gehört zu den infiniten, nicht konjugierten Verbformen, die keine Personen- oder Zeitangabe beinhalten.
Das Spanische kennt im Grunde nur ein Partizip, das mit **haber** für die Bildung der zusammengesetzten Zeiten und mit **ser** und **estar** zur Bildung des Passivs benötigt wird. Es ist zur Bildung der zusammengesetzten Zeiten stets unveränderlich, bei der Bildung des Passivs richtet es sich in Geschlecht und Zahl nach dem Wort, auf das es sich bezieht.

Das Partizip steht nach bestimmten Verben, kann als Adjektiv verwendet werden und steht anstelle von Nebensätzen und ist in dieser Funktion ein wichtiges Stilmittel der Satzverkürzung.

Das Partizip nach estar

Zum Ausdruck eines abgeschlossenen Vorgangs steht **estar** + participio anstelle eines reflexiven Verbs.

- Pedro *está* **sentado** (sentarse).
  (Pedro **sitzt**.)
- María *está* **acostada** (acostarse).

Das Partizip als Adjektiv

Das Partizip kann als Adjektiv verwendet und durch Voranstellen des Artikels zum Substantiv werden.
In dieser Funktion richtet sich das Partizip, wie das Adjektiv, in Geschlecht und Zahl nach dem Subjekt.

- **Los heridos** fueron transportados en helicópteros al hospital.
  (**Die Verletzten** wurden in Hubschraubern ins Krankenhaus gebracht.)
- Pedro es **aburrido**.
  (Pedro ist **langweilig**.)

Das Partizip anstelle von Nebensätzen

Das Partizip anstelle von temporalen Nebensätzen

Anstelle eines temporalen Nebensatzes steht das Partizip häufig mit **apenas, una vez** und **después de**.

- *Una vez* **analizado** el problema, decidimos actuar.
  (**Cuando analizamos** el problema ...)

Das Partizip anstelle von Relativsätzen

Anstelle eines Relativsatzes ist die Partizipialkonstruktion Apposition (Beisatz).

- El asesino, **perseguido** por la policía, se refugió en el bosque.
  (El asesino **que era perseguido** por la ...)

Der Artikel (el artículo)

Der Artikel (Geschlechtswort) ist der Begleiter des Substantivs und gibt dessen Geschlecht und Zahl an. Neben dem männlichen und weiblichen Geschlecht kennt das Spanische noch die neutrale Form **lo**.

Der bestimmte Artikel (el artículo definido)

Der bestimmte Artikel bezeichnet ein oder mehrere bestimmte Substantive.

- **el** hombre - **los** hombres
- **la** casa - **las** casas

Der unbestimmte Artikel (el artículo indefinido)

Der unbestimmte Artikel bezeichnet ein unbestimmtes Substantiv.

- **un** hombre
- **una** casa

Die neutrale Form des Artikels lo (el artículo neutro lo)

Die neutrale Form des Artikels **lo** dient zur Substantivierung.

- **Lo** bueno es que ha venido en seguida.
- A **lo** mejor no viene.

Die Formen der Artikel (las formas de los artículos)

	Numerus	Genus	Unbestimmter Artikel	Bestimmter Artikel	Bestimmter Artikel + a	Bestimmter Artikel + de
Vor	Singular	mask.	un	el	al	del
Konsonant,		fem.	una	la	a la	de la
Vokal		neutr.	-	lo	a lo	de lo
	Plural	mask.	-	los	a los	de los
		fem.	-	las	a las	de las
Vor	Singular	mask.	un	el	al	del
betontem		fem.	un	el	al	del
a-, ha-	Plural	mask.	-	los	a los	de los
		fem.	-	las	a las	de las

Der bestimmte und unbestimmte Artikel (el artículo definido e indefinido)

	Bestimmter Artikel	
Abstrakta, Gattungsnamen, Stoffnamen	Abstrakta, Gattungsnamen und Stoffnamen stehen in der Regel mit dem bestimmten Artikel.	• Donde **la** *fuerza* oprime, **la** *ley* se quiebra. • **El** *gato* es un animal independiente. • **El** *oro* es más precioso que el dinero.

	Bestimmter Artikel	
Eigennamen	Bei Eigennamen, die näher bestimmt sind (zum Beispiel durch ein Adjektiv).	• **el** gran *Museo del Prado* • **el** bonito *Madrid* • **la** gran *España*

	Bestimmter Artikel	Kein Artikel
Familien-, Personennamen	Bei Familiennamen im Plural. Es ist zu beachten, daß der Familienname kein Plural-s erhält. • **Los** *García* están de vacaciones en Francia.	Bei Personennamen, die eine einzige Person bezeichnen. • *María* ha escrito una carta. • *Pedro* ha llegado esta mañana.
Verwandtschafts-bezeichnungen	Bei Verwandtschaftsbezeichnungen + Vorname oder Familienname. • **La** *tía María* y **el** *tío Carlos* son mis padrinos.	
Titel	Bei Personennamen, die durch Titel näher bestimmt sind. • **el** *rey Juan Carlos* • **el** *capitán García* • **el** *doctor Garrote*	In der Anrede stehen Titel mit oder ohne Personennamen und nach **señor, señora** ohne Artikel. • ¿Cuándo tiene tiempo, *doctor*? • ¿Cuándo tiene tiempo, *doctor García*? • *Señor Presidente*
		Bei der Zählung von Herrschernamen wird der Artikel, im Gegensatz zum Deutschen, nicht verwendet.

Bestimmter Artikel	Kein Artikel
	• Juan Carlos *Primero* (Juan Carlos I) es el actual rey de España. (Juan Carlos **der** *Erste* ist der derzeitige König von Spanien.)

	Bestimmter Artikel	Kein Artikel
Berufsbezeich-nungen		Berufsbezeichnungen stehen grund-sätzlich ohne Artikel. • Carlos es *catedrático* de filosofía en la Universidad de Barcelona.
Erdteile, Meere, Flüsse, Berge, Gebirge, Himmelsrichtungen	Die Namen der Erdteile, der Meere und Flüsse, die Namen von Gebirgen und Bergen und die Namen der Himmelsrichtungen stehen in der Regel mit dem bestimmten Artikel. • l'*América* • **el** *Atlántico* • **el** *Danubio* • **los** *Andes* • **el** *norte*	
Ländernamen	Ländernamen, die zum Beispiel durch ein Adjektiv näher bestimmt sind. Die folgenden Ländernamen stehen meist mit dem bestimmten Artikel. • **la Argentina** • **el Japón** • **el Brasil** • **el Paraguay** • **la China** • **el Perú** • **el Canadá** • **el Tirol** • **el Ecuador** • **el Uruguay** • **la India**	Die meisten Ländernnamen und diejenigen, die mit einer Präposition verbunden sind, stehen ohne Artikel. In Nachrichten und Berichten sowie in Aufzählungen fehlt der Artikel auch bei den Ländernamen, die normalerweise mit dem bestimmten Artikel stehen.
	• **La** *España* de la Edad Media. • El idioma nacional de **la** *Argentina* es el español. • **El** *Japón* es un país muy rico.	• *España* es un país muy bonito. • Este año pasaremos las vacaciones *en España*. • El idioma nacional de *Argentina, Ecuador* y *Perú* es el español.

	Bestimmter Artikel	Kein Artikel
Städtenamen	Städtenamen, die zum Beispiel durch ein Adjektiv näher bestimmt sind. Die folgenden Städtenamen stehen immer mit dem bestimmten Artikel. • **El Cairo** (Kairo) • **La Habana** (Havanna) • **La Haya** (Den Haag)	Die meisten Städtenamen stehen ohne Artikel.
	• **El** *Madrid* de la Edad Media. • **La** *Haya* es la sede del gobierno de los Países Bajos.	• *Madrid* es una ciudad muy bonita. • *Barcelona* es extensa.
Straßennamen	Straßen- und Gebäudenamen in Adressenangaben. • Vivo en **el** *número cinco* de **la** *calle Molino*.	
Jahreszeiten	Die Jahreszeiten stehen in der Regel mit dem bestimmten Artikel. • Mi familia pasa **el** *verano* siempre en el campo.	Jahreszeiten mit der Präposition **en** können auch ohne Artikel stehen. • *En primavera* estamos siempre en Andalucía.
Monatsnamen		Die Monatsnamen stehen in der Regel ohne Artikel. • En *agosto* estamos siempre en Andaluciá.
Wochentage/ Feiertage	Die Wochentage stehen in der Regel mit dem bestimmten Artikel. • Me voy **el** próximo *lunes.* • **El** *jueves* comienzo a trabajar.	Die Namen der Feiertage stehen in der Regel ohne Artikel. • En *Pentecostés* vamos a pasar las vacaciones en Andalucía.
Tageszeiten	In Angaben zur Uhrzeit sowie in Angaben über eine hinter sich gebrachte Zeit in Verbindung mit der Präposition **a**.	In den folgenden Zeitangaben, die mit einer Präposition fest verbunden sind. • **de día** (bei Tag) • **a mediodía** (am Mittag) • **a medianoche** (um Mitternacht)
	• Es **la** *una.* • Son **las** *dos.*	• Ha abandonado la oficina a *mediodía.*

Bestimmter Artikel	
Bei Körperteilen und Kleidungsstücken, vor allem nach Verben wie **tener, llevar** etc. Im Deutschen wird der Artikel hier nicht verwendet.	• María *tiene* **los** *ojos* oscuros. (María hat dunkle *Augen*.) • Lleva **los** *pantalones* rasgados. (Er hat zerrissene *Hosen* an.)

Körperteile, Kleidung

Bestimmter Artikel	Kein Artikel
Zur Bezeichnung des Transportmittels nach der Präposition **con**. • Viene siempre *con* **el** *avión* a Madrid.	Zur Bezeichnung des Transportmittels nach der Präposition **en**. • Viene siempre *en avión* a Madrid.

Transportmittel

Bestimmter Artikel	
Ein Spiel spielen und *ein Instrument spielen* wird mit **jugar a** + Artikel + Spiel und **tocar** + Artikel + Instrument ausgedrückt.	• Me gusta más *jugar* **al** *tenis* que *jugar* **al** *fútbol*. • María *toca* muy bien **el** *piano*.

Spiel spielen, Instrument spielen

Die neutrale Form des Artikels lo

Neben dem bestimmten und unbestimmten Artikel kennt das Spanische noch die neutrale Form **lo,** die zur Substantivierung der folgenden Wortarten dient.

Adjektive, adverbiale Ausdrücke

Adjektive werden mit **lo** substantiviert. **Lo** steht auch vor dem Ausdruck **suficientemente** + Adjektiv oder Adverb. Ferner kommt es in einigen festen adverbialen Ausdrücken vor.

- **Lo** *bueno* es que ha venido en seguida. (**Das** *Gute* ist, daß er sofort gekommen ist.)
- Pedro es **lo** *suficientemente atrevido* como para intentarlo.
- *A* **lo** *mejor* no viene.

Ordnungszahlen

Ordnungszahlen werden mit **lo** substantiviert.

- **Lo** *primero* que hago es decir la verdad.

Possessivpronomen

Possessivpronomen werden mit **lo** substantiviert.

- **Lo** *tuyo* me gusta más. (*Deines/das Deinige* gefällt mir besser.)

Appositionen

Appositionen (Beisätze) werden an einen folgenden Relativsatz mit **lo que** angeschlossen. Statt **lo que** steht häufig **cosa que** oder **hecho que** etc.

- Están trabajando todo el tiempo sin reposo, **lo que/cosa que/hecho que** yo no podría. (Sie arbeiten schon die ganze Zeit ohne Pause, **etwas das/was** ich nicht könnte.)

Das Substantiv (el sustantivo)

Substantive (Hauptwörter, Dingwörter, Nennwörter, Nomen) bezeichnen Lebewesen, Pflanzen, Gegenstände oder sonstige Begriffe und können mit dem Artikel verbunden werden.

Nach inhaltlichen Gesichtspunkten unterscheidet man folgende Gruppen von Substantiven.

Konkreta (sustantivos concretos)

Konkreta (Gegenstandswörter) bezeichnen Gegenstände.

- libro
- mesa

Eigennamen (sustantivos propios)

Eigennamen bezeichnen Personen und Sachen, die einmalig sind.

- España
- Madrid

Gattungsnamen (sustantivos apelativos)

Gattungsnamen (Appellativa) bezeichnen eine Gattung von Lebewesen oder Dingen und zugleich jedes einzelne Lebewesen oder Ding dieser Gattung.

- hombre
- mujer
- niño
- gato

Sammelnamen (sustantivos colectivos)

Sammelnamen (Kollektiva) bezeichnen eine Gruppe gleichartiger Lebewesen oder Dinge.

- los españoles
- el grupo

Stoffnamen (sustantivos materiales)

Stoffnamen sind Masse- und Materialbezeichnungen.

- agua
- oro

Abstrakta (sustantivos abstractos)

Abstrakta (Begriffswörter) bezeichnen das Nichtgegenständliche, d. h. Dinge, die man nicht berühren kann.

- amor
- bondad
- coraje

Nach formalen Gesichtspunkten unterscheidet man folgende Gruppen von Substantiven.

Ursubstantive (sustantivos originarios)

Ursubstantive sind nicht durch ein Präfix oder Suffix abgewandelt.	• **agua** • **libro**

Abgewandelte Substantive (sustantivos modificados)

Substantive, die durch ein Präfix oder Suffix abgewandelt sind.	• **librillo** • **reunión**

Abgeleitete Substantive (sustantivos derivados)

Von einer anderen Wortart (z. B. Verb, Adjektiv) abgeleitete Substantive.	• feliz - **felicidad** • esperar - **esperanza**

Zusammengesetzte Substantive (sustantivos compuestos)

Aus verschiedenen Wortarten zusammengesetzte Substantive (z. B. Substantiv + Substantiv, Substantiv + Verb etc.).	• **pasaporte** • **terremoto** • **portacartas**

Genus und Numerus des Substantivs (género y número del sustantivo)

Das Spanische unterscheidet zwischen männlichem bzw. maskulinem (masculino) und weiblichem bzw. femininem (femenino) Geschlecht (Genus) bei Substantiven. Das Spanische kennt kein sächliches Geschlecht (neutrum) wie das Deutsche (das).

Da von dem Geschlecht eines deutschen Substantivs nicht auf das des spanischen Substantivs geschlossen werden kann, ist ein wichtiges Indiz für das Geschlecht eines Substantivs seine Endung.
Die folgende Tabelle gibt zunächst eine Übersicht über die Endungen männlicher und weiblicher Substantive sowie über die dazugehörigen Pluralendungen. Dabei sind die Endungen, die nicht fettgedruckt sind, für das jeweilige Geschlecht untypisch, d. h. sie kommen zwar gelegentlich vor, stellen jedoch die Ausnahme dar.

Maskulin Singular	Maskulin Plural	Feminin Singular	Feminin Plural
-aje	**-ajes**	-	-
-ambre	**-ambres**	-	-
-an, -án	**-anes**	-	-
-	-	**-ción**	**-ciones**
-	-	**-dad**	**-dades**
-e	-es	-e	-es
-í	**-íes, -ís**	-	-
-	-	-ie	-ies
-ión	-iones	**-ión**	**-iones**
-o	**-os**	-a	-as
-ón	**-ones**	-	-

Maskulin Singular	Maskulin Plural	Feminin Singular	Feminin Plural
-or	-ores	-ora	-oras
-	-	-tad	-tades
-tor	-tores	-triz	-trices
-	-	-tud	-tudes
-	-	-umbre	-umbres
-z	-ces	-z	-ces
-	-	-zón	-zones

Mask. Sing. Mask. Plur.	Fem. Sing. Fem. Plur.	Maskulin	Feminin
-aje -ajes	- -	Diese Endung kennzeichnet in der Regel männliche Substantive. • el garaje los garajes	
-ambre -ambres	- -	Diese Endung kennzeichnet in der Regel männliche Substantive. • el fiambre los fiambres	
-an, -án -anes	- -	Diese Endung kennzeichnet in der Regel männliche Substantive. • el pan los panes • el alemán los alemanes	

Mask. Sing. Mask. Plur.	Fem. Sing. Fem. Plur.	Maskulin	Feminin
- -	-ción -ciones		Diese Endung kennzeichnet in der Regel weibliche Substantive. • **la solución** **las soluciones**
- -	-dad -dades		Diese Endung kennzeichnet in der Regel weibliche Substantive. • **la ciudad** **las ciudades**
-e -es	-e -es	Endung einiger männlicher Substantive. • **el padre** **los padres**	Endung einiger weiblicher Substantive. • **la madre** **las madres**
-í -íes, -ís		Diese Endung kennzeichnet in der Regel männliche Substantive. • **el jabalí** **los jabalíes, jabalís**	
- -	-ie -ies		Diese Endung kennzeichnet in der Regel weibliche Substantive. • **la serie** **las series**
-ión -iones	-ión -iones	Endung einiger männlicher Substantive. • **el avión** **los aviones**	Diese Endung kennzeichnet in der Regel weibliche Substantive. • **la canción** **las canciones**
-o -os	-a -as	Diese Endung kennzeichnet in der Regel männliche Substantive.	Diese Endung kennzeichnet in der Regel weibliche Substantive. Das weibliche Substantiv kann häufig direkt vom männlichen abgeleitet werden.

Mask. Sing. Mask. Plur.	Fem. Sing. Fem. Plur.	Maskulin	Feminin
		• el año los años • el hijo (der Sohn) los hijos Wichtige Ausnahmen: • la foto • la mano • la radio	• la casa las casas • la hija (die Tochter) las hijas Wichtige Ausnahmen: • el día • el problema • el sistema
-ón -ones	- -	Diese Endung kennzeichnet in der Regel männliche Substantive. • el balcón los balcones	
-or -ores	-ora -oras	Endung einiger männlicher Substantive.	Endung einiger weiblicher Substantive. Das weibliche Substantiv kann häufig direkt vom männlichen abgeleitet werden.
		• el aparador los aparadores • el trabajador (der Arbeiter) los trabajadores Wichtige Ausnahme: • la flor	• la flora las floras • la trabajadora (die Arbeiterin) las trabajadoras
- -	-tad -tades		Diese Endung kennzeichnet in der Regel weibliche Substantive. • la libertad las libertades
-tor -tores	-triz -trices	Diese Endung kennzeichnet in der Regel männliche Substantive.	Diese Endung kennzeichnet in der Regel weibliche Substantive. Das weibliche Substantiv kann meist direkt vom männlichen abgeleitet werden.

Mask. Sing. Mask. Plur.	Fem. Sing. Fem. Plur.	Maskulin	Feminin
		• **el actor** (der Schauspieler) **los actores**	• **la actriz** (die Schauspielerin) **las actrices**
- -	**-tud** **-tudes**		Diese Endung kennzeichnet in der Regel weibliche Substantive. • **la actitud** **las actitudes**
- -	**-umbre** **-umbres**		Diese Endung kennzeichnet in der Regel weibliche Substantive. • **la costumbre** **las costumbres**
-z -ces	**-z** **-ces**	Endung einiger männlicher Substantive. • **el arroz** **los arroces**	Diese Endung kennzeichnet in der Regel weibliche Substantive. • **la luz** **las luces**
- -	**-zón** **-zones**		Diese Endung kennzeichnet in der Regel weibliche Substantive. • **la razón** **las razones**

Besonderheiten beim Geschlecht

Neben den Endungen des Substantivs sind bezüglich des Geschlechts einige Besonderheiten zu beachten. Die Pluralbildung richtet sich nach den oben aufgeführten Regeln.

	Maskulin	Feminin
Männliche Bezeichnung weiblicher Substantive	Einige männliche Substantive werden, vor allem bei Berufsbezeichnungen, aufgrund der bisher von Männern dominierten Berufswelt auch für Frauen verwendet.	Die für weibliche Personen verwendeten männlichen Berufsbezeichnungen stehen mit dem weiblichen Artikel. In der modernen Sprache setzen sich hierfür immer mehr weibliche Berufsbezeichnungen durch.
	• El señor García es **un médico** muy consciente de su trabajo.	• La señora García es **una médico** muy consciente de su trabajo. • La señora García es **una médica** muy respetada.
Gleiche Bezeichnung männlicher und weiblicher Substantive	Einige männliche Substantive, vor allem auf **-a** und **-e**, haben dieselbe weibliche Form. Dies ist besonders bei Berufsbezeichnungen der Fall. • **el artista** (der Künstler) • **el camarada** (der Kamerad) • **el ciclista** (der Radfahrer) • **el comunista** (der Kommunist) • **el estudiante** (der Student) • **el idiota** (der Idiot) • **el socialista** (der Sozialist)	Einige weibliche Substantive, vor allem auf **-a** und **-e**, haben dieselbe männliche Form. Dies ist besonders bei Berufsbezeichnungen der Fall. • **la artista** (die Künstlerin) • **la camarada** (die Kameradin) • **la ciclista** (die Radfahrerin) • **la comunista** (die Kommunistin) • **la estudiante** (die Studentin) • **la idiota** (die Idiotin) • **la socialista** (die Sozialistin)
	• **El artista** Miguel García fue detenido ayer.	• **La artista** Mercedes García fue detenida ayer.
	Einige männliche Substantive haben dieselbe weibliche Form. Meist liegt dann ein Unterschied in der Bedeutung vor. • **el capital** (das Kapital) • **el frente** (die Front) • **el orden** (die Ordnung) • **el policía** (der Polizist)	Einige weibliche Substantive haben dieselbe männliche Form. Meist liegt dann ein Unterschied in der Bedeutung vor. • **la capital** (die Hauptstadt) • **la frente** (die Stirn) • **la orden** (der Befehl, Auftrag) • **la policía** (die Polizei)
	• La empresa ha invertido todo el **capital** en este proyecto.	• **La capital** de España es Madrid.

	Maskulin	Feminin
Unregelmäßiges Geschlecht	Einige männliche Substantive bilden das weibliche Substantiv unregelmäßig. • **el hombre** (der Mann) • **el padrino** (der Pate) • **el padre** (der Vater) • **el rey** (der König) • **el yerno** (der Schwiegersohn) • El señor García es **un hombre** muy gentil.	Einige weibliche Substantive bilden das männliche Substantiv unregelmäßig. • **la mujer** (die Frau) • **la madrina** (die Patin) • **la madre** (die Mutter) • **la reina** (die Königin) • **la nuera** (die Schwiegertochter) • La señora García es **una mujer** muy gentil.
Tiernamen	Bei vielen Tiernamen steht entweder der weibliche oder männliche Name für beide Geschlechter. Um Mißverständnisse zu vermeiden, kann für männliche Tiernamen **macho** hinzugefügt werden. • **el cocodrilo (macho)** • **el elefante (macho)**	Bei vielen Tiernamen steht entweder der weibliche oder männliche Name für beide Geschlechter. Um Mißverständnisse zu vermeiden, kann für weibliche Tiernamen **hembra** hinzugefügt werden. • **el cocodrilo (hembra)** • **el elefante (hembra)**
	Viele männliche Tiernamen enden auf **-o**.	Viele weibliche Tiernamen leiten sich direkt vom männlichen Tiernamen ab. Die Endung **-o** des männlichen Tiernamens wird durch die Endung **-a** ersetzt.
	• María tiene **un gato** que se llama Carlos.	• María tiene **una gata** que se llama Carla.
	Einige männliche Tiernamen haben völlig andere weibliche Tiernamen. • **el caballo** (der Hengst) • **el carnero** (der Hammel) • **el gallo** (der Hahn) • **el toro** (der Stier) • El campesino García tiene **un gallo** y diez gallinas.	Einige weibliche Tiernamen haben völlig andere männliche Tiernamen. • **la yegua** (die Stute) • **la oveja** (das Schaf) • **la gallina** (die Henne) • **la vaca** (die Kuh) • El campesino García tiene un gallo y diez **gallinas**.
Länder-, Insel-, Städtenamen	Länder-, Insel- und Städtenamen, die nicht auf **-a** enden, sind in der Regel männlich.	Länder-, Insel- und Städtenamen auf **-a** sind in der Regel weiblich.

	Maskulin	Feminin
	• **el Chile** • **el Tenerife** • **Madrid** es bonit**o**.	• **la España** • **la Sicilia** • **Barcelona** es extens**a**. Wichtige Ausnahme: • **el Canadá**
Flußnamen	Flußnamen sind in der Regel männlich. • **el Ebro** • **el Río Grande**	
Himmelsrich-tungen	Die Himmelsrichtungen sind männlich. • **el norte** • **el sur**	
Jahreszeiten, Monatsnamen, Wochentage	Monatsnamen, die Wochentage und Jahreszeiten sind, außer **primavera** (Frühling), männlich. • **Enero** es el *primer* mes del año. • **el lunes** • **el verano** aber: • **la primavera**	
Zahlen/ Buchstaben	Zahlen sind in der Regel männlich. • **el dos** • **el tres**	Buchstaben sind in der Regel weiblich. • **la a** • **la b**

Besonderheiten beim Numerus

Der Numerus (Zahl) bezeichnet den Singular bzw. die Einzahl (el singular) und den Plural bzw. die Mehrzahl (el plural). Substantive auf Vokal erhalten im Plural in der Regel ein **-s**, Substantive auf Konsonant hängen im Plural in der Regel **-es** an.
Zusammengesetzte Substantive hängen das Plural-s bzw. -es in der Regel am Ende der Zusammensetzung an.
Neben den üblichen Pluralendungen des Substantivs sind einige Besonderheiten zu beachten.

	Singular	Plural
Substantive mit gleicher Form im Singular und Plural	Einige Substantive enden auch im Singular auf **-s**.	Substantive auf **-s** im Singular erhalten im Plural kein zusätzliches **-s**. Dies gilt besonders für Substantive, die auf der vor- oder drittletzten Silbe betont werden, für Substantive griechischen Ursprungs und für zusammengesetzte Substantive, deren zweiter Teil schon ein Plural**-s** hat.
	• **la crisis** (die Krise) • **el cumpleaños** (der Geburtstag) • **el lunes** (der Montag) • **el paraguas** (der Regenschirm)	• **las crisis** (die Krisen) • **los cumpleaños** (die Geburtstage) • **los lunes** (die Montage) • **los paraguas** (die Regenschirme)
	• Esta empresa se encuentra en **una crisis** grave.	• En esos años Europa fue afectada por *sucesivas* **crisis.**
Substantive, die nur im Singular/ Plural vorkommen	Einige Substantive kommen meist im Singular vor und stehen folglich auch mit einem Verb im Singular.	Einige Substantive, vor allem solche, die Werkzeuge und Kleidungsstücke bezeichnen, die aus zwei Teilen bestehen, kommen nur im Plural vor und stehen folglich auch mit einem Verb im Plural. Im Deutschen kann hier ein Substantiv im Singular stehen.
	• **el coraje** (der Mut) • **la edad** (das Alter) • **la fiebre** (das Fieber) • **la juventud** (die Jugend)	• **las afueras** (die Umgebung) • **buenos días** (guten Tag) • **buenas noches** (gute Nacht) • **buenas tardes** (guten Tag, Abend) • **las gafas** (die Brille) • **los gemelos** (die Zwillinge) • **los lentes** (die Brille) • **las nupcias** (die Hochzeit) • **los pantalones** (die Hose) • **las pinzas** (die Pinzette) • **las tijeras** (die Schere)

Singular	Plural
• Es necesario **un** gran **coraje** para esta aventura.	• ¿Por favor, puede darme **las tijeras** que *están* sobre la mesa? (Können Sie mir bitte **die Schere** geben, die auf dem Tisch *liegt?*)
La gente bezeichnet zwar den Plural, ist jedoch ein Sammelname und gilt daher als Substantiv im Singular. Es steht folglich auch mit einem Verb im Singular. • **La gente** *ha llegado* hace unos minutos.	

Substantive mit unregelmäßigem Plural

	Einige Substantive, meist Fremdwörter, bilden den Plural unregelmäßig. Da im Singular und Plural dieselbe Silbe betont wird, erhält, verliert oder verändert ein Substantiv demnach im Plural den Akzent.
• el álbum • el carácter • el club • el examen • el frac • el régimen	• los álbums, los álbumes • los caracteres • los clubs, los clubes • los exámenes • los fracs • los regímenes
• Pedro tiene **un frac** para ocasiones solemnes.	• Juan tiene **dos fracs** para ocasiones solemnes.

Familiennamen

Spanische Familiennamen sind männlich und erhalten, obwohl der Artikel im Plural steht, kein Plural-s. Sie stehen mit einem Verb im Plural. • **Los García** *han pasado* las vacaciones en Alemania.	Familiennamen und Verwandtschaftsbezeichnungen stehen für mehrere Familienmitglieder und gelten gleichermaßen für Frauen und Männer. • **los hermanos** (die Geschwister)

Das Adjektiv (el adjetivo)

Das Adjektiv (Eigenschaftswort, Wiewort) drückt eine Eigenschaft aus und bezieht sich im Satz auf ein oder mehrere Substantive.

Attributives Adjektiv (el adjetivo atributivo)

Das attributive Adjektiv steht unmittelbar beim Substantiv.

- un niño **inteligente**
- una mujer **gentil**

Prädikatives Adjektiv (el adjetivo predicativo)

Das prädikative Adjektiv wird durch ein Verb (meist **ser** oder **estar**) mit dem Substantiv verbunden.

- Esta mujer es **amable.**
- Este libro es **interesante.**

Beide Adjektivarten, sowohl das attributive als auch das prädikative, richten sich in Geschlecht und Zahl nach dem Substantiv, auf das sie sich beziehen, d. h. bezieht sich das Adjektiv auf:

ein Substantiv	mehrere Substantive gleichen Geschlechts	mehrere Substantive verschiedenen Geschlechts
so richtet sich das Adjektiv in Geschlecht und Zahl nach diesem einen Substantiv.	so steht das Adjektiv im Plural und hat dasselbe Geschlecht wie die Substantive.	so steht das Adjektiv im Plural und ist männlich, selbst wenn nur ein Substantiv unter mehreren weiblichen männlich ist. Es sollte vermieden werden, dem Adjektiv ein weibliches Substantiv unmittelbar voranzustellen. Den Substantiven vorangestellte Adjektive richten sich in der Regel in Geschlecht und Zahl nach dem ersten folgenden Substantiv.
• un libro **interesante** • una mesa **redonda** • libros **instructivos** • mesas **redondas**	• libros y cuadernos **nuevos** • una niña y una mujer **simpáticas**	• mujeres y hombres **honrados** • **bonitas** vistas y paisajes

Genus und Numerus des Adjektivs (género y número del adjetivo)

Genus (Geschlecht) und Numerus (Zahl) des Adjektivs werden wie beim Substantiv durch die Endung gekennzeichnet.
Einige Adjektive erhalten in der weiblichen Form ein **-a**. Adjektive auf Vokal hängen im Plural in der Regel ein **-s** an, Adjektive auf Konsonant erhalten im Plural in der Regel **-es**.

Die folgende Tabelle gibt eine Übersicht über die männlichen und weiblichen Endungen sowie über die dazugehörigen Pluralendungen.

Maskulin Singular	Maskulin Plural	Feminin Singular	Feminin Plural
-a	-as	-a	-as
-án	-anes	-ana	-anas
-ar	-ares	-ar	-ares
-cola	-colas	-cola	-colas
-dor	-dores	-dora	-doras
-e	-es	-e	-es
-és	-eses	-esa	-esas
-í	-ís, -íes	-í	-ís, -íes
-ior	-iores	-ior	-iores
-ista	-istas	-ista	-istas
-o	-os	-a	-as
-ón	-ones	-ona	-onas
-tal	-tales	-tal	-tales
-z	-ces	-z	-ces

Mask. Sing. Mask. Plur.	Fem. Sing. Fem. Plur.	Maskulin	Feminin
-a **-as**	**-a** **-as**	Diese Endung kennzeichnet männliche Adjektive.	Männliche Adjektive auf **-a** erhalten in der weiblichen Form kein weiteres **-a**.
		• un hombre **belga** hombres **belgas**	• una revista **cara** revistas **caras**
-án **-anes**	**-ana** **-anas**	Diese Endung kennzeichnet männliche Adjektive. Es ist zu beachten, daß das **-á** im Plural den Akzent verliert.	Diese Endung kennzeichnet weibliche Adjektive, die direkt vom männlichen abgeleitet werden können.
		• un hombre **holgazán** hombres **holgazanes**	• una mujer **holgazana** mujeres **holgazanas**
-ar **-ares**	**-ar** **-ares**	Diese Endung kennzeichnet männliche Adjektive.	Diese Endung kennzeichnet weibliche Adjektive.
		• un caso **ejemplar** casos **ejemplares**	• una muestra **ejemplar** muestras **ejemplares**
-cola **-colas**	**-cola** **-colas**	Diese Endung kennzeichnet männliche Adjektive.	Diese Endung kennzeichnet weibliche Adjektive.
		• un pueblo **agrícola** pueblos **agrícolas**	• una industria **agrícola** industrias **agrícolas**
-dor **-dores**	**-dora** **-doras**	Diese Endung kennzeichnet männliche Adjektive.	Diese Endung kennzeichnet weibliche Adjektive.
		• un hombre **trabajador** hombres **trabajadores**	• una mujer **trabajadora** mujeres **trabajadoras**
-e **-es**	**-e** **-es**	Diese Endung kennzeichnet männliche Adjektive.	Diese Endung kennzeichnet weibliche Adjektive.
		• un vestido **elegante** vestidos **elegantes**	• una blusa **elegante** blusas **elegantes**
-és **-eses**	**-esa** **-esas**	Diese Endung kennzeichnet männliche Adjektive. Es ist zu beachten, daß das **-é** im Plural den Akzent verliert.	Diese Endung kennzeichnet weibliche Adjektive.
		• un hombre **inglés** hombres **ingleses**	• una mujer **inglesa** mujeres **inglesas**

Mask. Sing. Mask. Plur.	Fem. Sing. Fem. Plur.	Maskulin	Feminin
-í -ís, -íes	-í -ís, -íes	Diese Endung kennzeichnet männliche Adjektive. Es ist zu beachten, daß das -í im Plural den Akzent behält. • un hombre israelí hombres israelís, israelíes	Diese Endung kennzeichnet weibliche Adjektive. Es ist zu beachten, daß das -í im Plural den Akzent behält. • una mujer israelí mujeres israelís, israelíes
-ior -iores	-ior -iores	Diese Endung kennzeichnet männliche Adjektive. • un cuarto exterior cuartos exteriores	Diese Endung kennzeichnet weibliche Adjektive. • una habitación exterior habitaciones exteriores
-ista -istas	-ista -istas	Diese Endung kennzeichnet männliche Adjektive. • un hombre optimista hombres optimistas	Diese Endung kennzeichnet weibliche Adjektive. • una mujer optimista mujeres optimistas
-o -os	-a -as	Diese Endung kennzeichnet männliche Adjektive. • un libro caro libros caros	Diese Endung kennzeichnet weibliche Adjektive. • una casa cara casas caras
-ón -ones	-ona -onas	Diese Endung kennzeichnet männliche Adjektive. Es ist zu beachten, daß das -ó im Plural den Akzent verliert. • un hombre comilón hombres comilones	Diese Endung kennzeichnet weibliche Adjektive. • una mujer comilona mujeres comilonas
-tal -tales	-tal -tales	Diese Endung kennzeichnet männliche Adjektive. • un ejemplo fundamental ejemplos fundamentales	Diese Endung kennzeichnet weibliche Adjektive. • una obra fundamental obras fundamentales
-z -ces	-z -ces	Diese Endung kennzeichnet männliche Adjektive. • un chico feliz chicos felices	Diese Endung kennzeichnet weibliche Adjektive. • una chica feliz chicas felices

Die Steigerung des Adjektivs (la comparación del adjetivo)

Das Spanische kennt neben der Grundstufe die folgenden Steigerungsformen des Adjektivs. Auch bei der Steigerung richtet sich das Adjektiv in Geschlecht und Zahl nach dem Substantiv, auf das es sich bezieht.

Positiv (el positivo)

Der Positiv ist die Grundstufe des Adjektivs. Er drückt aus, daß zwei oder mehr Wesen oder Dinge in bezug auf eine Eigenschaft gleich sind; gleicher Grad.
Im Vergleichssatz wird das Adjektiv mit **como** angeschlossen.

- María y Mercedes son **jóvenes**.
  (María und Mercedes sind jung.)
- María y Margarita son **altas**.
- María es *tan* **joven** *como* Mercedes.
  (María ist *so* **jung** *wie* Mercedes.)
- María es *tan* **alta** *como* Pedro.

Gleichheit:	(tan) + **Adjektiv** + (como)

Komparativ (el comparativo)

Der Komparativ drückt aus, daß zwei Wesen oder Dinge in bezug auf eine Eigenschaft ungleich sind; ungleicher Grad.
Im Vergleichssatz wird der Komparativ mit **que** angeschlossen.

- El señor García es **más amable** *que* la señora García.
  (Herr García ist **liebenswürdiger** *als* Frau García.)
- Esos libros son **menos interesantes** *que* estos.

Steigerung:	**más** + **Adjektiv** + (que)
Verminderung:	**menos** + **Adjektiv** + (que)

Zum Ausdruck der allmählich zunehmenden Steigerung bzw. Verminderung (immer) wird dem Komparativ **cada vez** vorangestellt.

- Los coches son **cada vez más caros**.
  (Die Autos werden **immer teurer**.)
- Sus libros son **cada vez menos interesantes**.
  (Seine Bücher werden **immer weniger interessant**.)

Steigerung:	**cada vez + más** + Adjektiv
Verminderung:	**cada vez + menos** + Adjektiv

125

Superlativ (el superlativo)

Der Superlativ drückt aus, daß von mindestens drei Wesen oder Dingen einem der höchste Grad einer Eigenschaft zukommt; höchster Grad.

- Mi hermano es **el más alto** de nuestra familia.
  (Mein Bruder ist **der größte** in unserer Familie.)
- Estas mujeres son **las menos amables** de todos nuestros vecinos.

Ein möglichst hoher Grad einer Eigenschaft wird auch ausgedrückt durch **lo** + Superlativ + **posible**.

- Busco un cuarto que sea **lo más barato posible**.
  (Ich suche ein Zimmer, das **so billig wie möglich** ist.)

Numerus	Genus	Steigerung	Verminderung
Singular	maskulin	el más + Adjektiv	el menos + Adjektiv
	feminin	la más + Adjektiv	la menos + Adjektiv
Plural	maskulin	los más + Adjektiv	los menos + Adjektiv
	feminin	las más + Adjektiv	las menos + Adjektiv

Elativ (el elativo)

Der Elativ drückt einen sehr hohen Grad einer Eigenschaft aus und wird durch Anhängen der Endung **-ísimo** an das um den Endvokal verkürzte Adjektiv gebildet.
Der Elativ kann nicht von jedem Adjektiv gebildet werden. Er wird dann durch Adverbien wie **muy, sumamente, extraordinariamente** etc. ausgedrückt.

- Este animal es **grandísimo**.
  (Dieses Tier ist **sehr groß**.)
- Este texto es **larguísimo**.
- Esta mujer es **extraordinariamente paciente**.

Nu.	Genus	Adjektiv	Adjektiv mit -c im Stamm	Adjektiv mit -g im Stamm
Sing.	mask.	Adjektiv + -ísimo	Adjektiv + -quísimo	Adjektiv + -guísimo
	fem.	Adjektiv + -ísima	Adjektiv + -quísima	Adjektiv + -guísima
Plur.	mask.	Adjektiv + -ísimos	Adjektiv + -quísimos	Adjektiv + -guísimos
	fem.	Adjektiv + -ísimas	Adjektiv + -quísimas	Adjektiv + -guísimas

Unregelmäßig gesteigerte Adjektive

In der folgenden Tabelle sind die unregelmäßig gesteigerten Adjektive aufgeführt. Dabei ist nur die jeweils männliche Form genannt. Die Bildung des weiblichen Geschlechts und des Plurals richtet sich nach den oben aufgeführten Regeln.

Positiv		Komparativ	Superlativ
bueno	(gut)	**mejor**	**el mejor**
grande	(groß)	**mayor** **más grande**	**el mayor** **el más grande**
malo	(schlecht)	**peor**	**el peor**
mucho	(viel)	**más**	-
pequeño	(klein)	**menor** **más pequeño**	**el menor** **el más pequeño**
poco	(wenig)	**menos**	-

Der Komparativ von **grande, mayor** wird vor allem bei Abstrakta, der Komparativ **más grande** wird bei Konkreta, vor allem bei meßbaren Größen verwendet.

- El lujo tiene **mayor** *importancia* en nuestra vida que antes.
- *El coche* de Pedro es **más grande** que el coche de Paco.

Der Komparativ von **pequeño, menor** wird vor allem bei Abstrakta, der Komparativ **más pequeño** wird bei Konkreta, vor allem bei meßbaren Größen verwendet.

- La familia tiene **menor** *importancia* en nuestra vida que antes.
- *El coche* de Pedro es **más pequeño** que el coche de Paco.

Die Stellung des Adjektivs (la posición del adjetivo)

In der Regel steht das Adjektiv unmittelbar nach dem Substantiv, das es näher bestimmt. Eine Reihe von Adjektiven können dem Substantiv vorangestellt werden.

	Adjektive vor dem Substantiv	Adjektive nach dem Substantiv
Häufig verwendete Adjektive	Häufig verwendete Adjektive wie **mucho, otro** und **poco** stehen immer, **bueno, malo** und **grande** stehen meist vor dem Substantiv. **Bueno** und **malo** werden vor männlichen Substantiven im Singular häufig zu **buen** und **mal** verkürzt. **Grande** kann vor männlichen und weiblichen Substantiven im Singular zu **gran** verkürzt werden.	Die häufig verwendeten Adjektive können zur besonderen Hervorhebung dem Substantiv nachgestellt werden. Eine Verkürzung ist dann nicht möglich.
	• Leo un **buen** *libro*. • Hoy hace **mal** *tiempo*. • Tiene **gran** *fama*. • Tiene una **gran** *casa*.	• Leo un *libro* **bueno**. • Tiene un *coche* **grande**. • Tiene una *casa* **grande**.
Näher bestimmte Adjektive		Adjektive, die durch ein Adverb oder eine Beifügung näher bestimmt sind, werden dadurch besonders betont und stehen somit meist nach dem Substantiv.
		• María tiene una *casa particularmente* **bonita**. • Esta casa tiene un *jardín* tan **grande** *como un campo de fútbol*.
Adjektivisch verwendete Partizipien		Partizipien, die wie ein Adjektiv verwendet werden, werden dem Substantiv in der Regel nachgestellt.
		• Pedro no puede venir porque tiene la *pierna* **fracturada**.
Bedeutungsunterschiede voran- und nachgestellter Adjektive	Die folgenden Adjektive können dem Substantiv vorangestellt werden. Es liegt dann zu den nachgestellten Adjektiven ein Unterschied in der Bedeutung vor.	Die folgenden Adjektive können dem Substantiv nachgestellt werden. Es liegt dann zu den vorangestellten Adjektiven ein Unterschied in der Bedeutung vor.

Adjektive vor dem Substantiv		Adjektive nach dem Substantiv	
• alto	(hochrangig)	• alto	(hoch, groß)
• antiguo	(ehemalig)	• antiguo	(sehr alt)
• caro	(lieb)	• caro	(teuer)
• grande	(bedeutend, großartig)	• grande	(groß(gewachsen))
• noble	(edel)	• noble	(adlig)
• pobre	(bedauernswert)	• pobre	(arm, mittellos)
• presente	(vorliegend)	• presente	(gegenwärtig)
• simple	(bloß, nur)	• simple	(einfach)
• solo	(einzig)	• solo	(alleinstehend)
• María es una **antigua** *amiga* mía. • Es un **noble** *gesto*.		• Es un *coche* muy **antiguo**. • Viene de una *familia* **noble**.	

Mehrere Adjektive	Vor dem Substantiv können nur zwei Adjektive stehen, die durch **y** (bzw. vor **i-** und **hi-** durch **e**) verbunden werden.	Nach dem Substantiv können beliebig viele Adjektive stehen. Das letzte Adjektiv wird mit **y** (bzw. vor **i-** und **hi-** durch **e**) angeschlossen.
	• Es un **verde** *y* **húmedo** *paisaje*.	• Juan es un *niño* **guapo, amable** *e* **inteligente**.

Der Vergleich (la comparación)

Zum Ausdruck des Vergleichs stehen im Spanischen die folgenden Adverbien zur Verfügung.

Que

Nach dem Komparativ des Adjektivs und nach **igual** und **mismo** steht **que** (als). Im Deutschen steht nach dem Komparativ eines Adjektivs *als* (nicht *wie*).

> • Mi hermano es *más alto* **que** yo.
> (Mein Bruder ist *größer* als ich.)
> • ¿Por qué no pasas las vacaciones en el *mismo* hotel **que** yo?

Vor Zahlen und zum Ausdruck der Geringschätzigkeit (nur) steht **no más que, nada más que.**

> • Pedro no recibe mucho dinero para gastos. *No* recibe *más* **que** *mil* pesetas a la semana.

De

Vor Zahlen steht **más** bzw. **menos de** (mehr bzw. weniger als).

> • El señor García es muy rico. Tiene muchas casas. Son *más* **de** *diez*.

Del que

Steht **más** vor einem Substantiv und endet der Vergleich mit einem Verb, so steht **del que** bzw. **de la que** bezüglich eines männlichen bzw. weiblichen Substantivs, **de los que** bzw. **de las que** bezüglich mehrerer.

> • Pedro tiene *más dinero* **del que** *necesita*.
> • Tiene *más paciencia* **de la que** *se esperaba*.

De lo que

Endet der Vergleich mit einem Verb und fehlt das Substantiv, auf das sich das Adjektiv bezieht, steht **de lo que.**

> • Tiene *más (dinero)* **de lo que** *crees*.
> • Es *más* **de lo que** *piensas*.

Steht **más** vor einem Adjektiv und endet der Vergleich mit einem Verb, steht **de lo que.**

> • El libro fue *más caro* **de lo que** *quería pagar*.

130

De lo

Endet der Vergleich mit **ser** + Adjektiv, so wird **de lo que** meist zu **de lo** verkürzt, vor allem in Wendungen wie **más de lo necesario, más de lo normal, más de lo usual.**

- ¿Te ha ayudado mucho? - *Más* **de lo** *necesario* (**más de lo que** *es necesario*).
- ¿Trabaja mucho? Sí, *más* **de lo** *normal.*

Al que

Nach **inferior** und **superior** steht **al que** bzw. **a la que** bezüglich eines männlichen bzw. weiblichen Substantivs, **a los que** bzw. **a las que** bezüglich mehrerer.

- Esta casa cuesta *una suma superior* **a la que** quiero pagar.

Como

Bezüglich eines Substantivs, Pronomens steht **como** (wie).

- Tiene un coche **como** *el nuestro.*
- Hazlo **como** *(tú)* quieras.

Tan(to) ... como

Zum Ausdruck des gleichen Grades (Positiv) steht **tan ... como** (so ... wie) bezüglich eines Adjektivs.
Zum Ausdruck der Gleichheit der Menge steht **tanto ... como** (soviel ... wie) bezüglich eines Substantivs.

- Antes los coches no eran **tan** *caros* **como** ahora.
- Ahora no tengo **tanto** *trabajo* **como** antes.

Cuanto más ... más, cuanto más ... menos

Bezüglich eines Verbs steht **cuanto más ...** **más** (je mehr ... desto mehr) oder **cuanto más ...** **menos** (je mehr ... desto weniger).

- **Cuanto más** *tenemos* **más** queremos.
- **Cuanto más** *estudio* **menos** sé.

Im folgenden Schaubild ist die Stellung der einzelnen Satzglieder im Vergleichssatz im Überblick dargestellt.

	Komparativ, **igual, mismo**	**que**		Mi hermano es *más alto* **que** yo.
no más, nada más	Verb		Zahlwort	*No* recibe *más* **que** *mil pesetas.*
	más, menos	**de**	Zahlwort	Tiene muchas casas. Son *más* **de** *diez.*
más	Substantiv	**del que**	Verb	Pedro tiene *más dinero* **del que** *necesita.*
más	-	**de lo que**	Verb	Tiene *más* **de lo que** *crees.*
más	Adjektiv		Verb	El libro fue *más caro* **de lo que** *quería pagar.*
más		**de lo**	**(ser)** + Adjektiv	Trabaja mucho, *más* **de lo** *normal.*
	inferior, superior	**al que**	Verb	Esta casa cuesta una suma *superior* **a la que** *quiero pagar.*
		como	Substantiv, Pronomen	Tiene un coche **como** *el nuestro.*
tan	Adjektiv	**como**		Antes los coches no eran **tan** *caros* **como** ahora.
tanto	Substantiv	**como**		Ahora no tengo **tanto** *trabajo* **como** antes.
cuanto más, cuanto más	Verb	**más, menos**	Verb	**Cuanto más** *tenemos* **más** *queremos.*

Das Adverb (el adverbio)

Das Adverb (Umstandswort) dient zur näheren Bestimmung von Verben, Adjektiven und Adverbien (mit dem Adjektiv werden Substantive näher bestimmt).
Das Adverb ist stets unveränderlich und dient zur Definition der Art und Weise (adverbio de manera), des Ortes (adverbio de lugar), der Zeit (adverbio de tiempo), der Menge (adverbio de cantidad) und des Grades, der Intensität (adverbio de intensidad).

Ursprüngliche Adverbien (adverbios originarios)

Die ursprünglichen Adverbien haben keine besondere Form.

- He dormido **bien.**
- He venido **aquí.**

Abgeleitete Adverbien (adverbios derivados)

Abgeleitete Adverbien hängen generell an die weibliche Form des Adjektivs die Endung **-mente** an.

- Trabaja **intensamente.**
- Se puede comprender esta regla **fácilmente.**

Bei aufeinanderfolgenden abgeleiteten Adverbien hat nur das letzte die Endung **-mente.**

- Puede ser que el problema se resuelva **lenta** o **rápidamente.**

Häufig wirken die auf **-mente** gebildeten Adverbien schwerfällig und werden deshalb im Spanischen mit den folgenden Stilmitteln vermieden.

Adverbien, die durch Umschreibung gebildet werden

Einige Adjektive können entweder kein Adverb bilden oder das Adverb klingt schwerfällig. Man kann sie dann durch Ausdrücke wie **de manera, de modo + Adjektiv** oder **con + Substantiv** umschreiben.

- Lo explica **de manera fácil.**
- Obra **de modo paciente.**
- Trabaja **con precisión.**

Verbaler Ausdruck statt Adverb

Häufig wird im Spanischen ein verbaler Ausdruck verwendet, wo im Deutschen ein Adverb steht.

- **Está leyendo.**
  (Er liest **gerade.**)
- Le **gusta** leer.
  (Er liest **gern.**)

133

Die Steigerung des Adverbs (la comparación del adverbio)

Das Spanische kennt neben der Grundstufe die folgenden Steigerungsformen des Adverbs.

Positiv (el positivo)

Der Positiv ist die Grundstufe des Adverbs. Er drückt aus, daß zwei oder mehr Wesen oder Dinge in bezug auf ein Merkmal gleich sind; gleicher Grad.
Im Vergleichssatz wird das Adverb mit **como** angeschlossen.

- María y Mercedes cantan **maravillosamente.**
  (María und Mercedes singen **wunderbar.**)
- María se comporta *tan* **correctamente** *como* Mercedes.
  (María verhält sich *so* **korrekt** *wie* Mercedes.)

Gleicher Grad: (tan) + **Adverb** + (como)

Komparativ (el comparativo)

Der Komparativ drückt aus, daß zwei Wesen oder Dinge in bezug auf ein Merkmal ungleich sind; ungleicher Grad.
Im Vergleichssatz wird der Komparativ mit **que** angeschlossen.

- María canta **más maravillosamente** *que* Mercedes.
  (María singt **schöner** *als* Mercedes.)
- Estos libros se leen **menos fácilmente** *que* esos.
  (Diese Bücher lesen sich **weniger leicht** *als* jene.)

Steigerung: **más** + Adverb + (que)

Verminderung: **menos** + Adverb + (que)

Zum Ausdruck der allmählich zunehmenden Steigerung bzw. Verminderung (immer) wird dem Komparativ **cada vez** vorangestellt.

- María canta **cada vez más maravillosamente.**
  (María singt **immer schöner.**)

Steigerung: **cada vez + más** + Adverb

Verminderung: **cada vez + menos + Adverb**

Superlativ (el superlativo)

Der Superlativ drückt aus, daß von mindestens drei Wesen oder Dingen einem der höchste Grad eines Merkmals zukommt; höchster Grad.

- Pedro es **lo que** trabaja **más esmeradamente.**
  (Pedro arbeitet **am sorgfältigsten.**)
- María y Mercedes son **las que** trabajan **menos esmeradamente.**

Nu.	Genus	Steigerung	Verminderung
Singular	maskulin	el que más + Adverb	el que menos + Adverb
	feminin	la que más + Adverb	la que menos + Adverb
Plural	maskulin	los que más + Adverb	los que menos + Adverb
	feminin	las que más + Adverb	las que menos + Adverb

Elativ (el elativo)

Der Elativ drückt einen sehr hohen Grad aus. Das Spanische kennt beim Adverb keinen Elativ. Ein sehr hoher Grad wird durch **lo** + Superlativ + **posible** ausgedrückt.

- Limpiaremos las alfombras **lo mejor posible.**
- Tienes que trabajar **lo más esmeradamente posible.**

Unregelmäßig gesteigerte Adverbien

Positiv	Komparativ	Superlativ
bien	mejor	el mejor
mal	peor	el peor
mucho	más	Relativsatz, la mayoría de, la mayor parte
muy	más	Relativsatz
poco	menos	Relativsatz, muy poco

Mucho, muy und **poco** können keinen Superlativ bilden. Ein sehr hoher Grad wird hier durch einen Relativsatz oder bei **mucho** durch **la mayoría de, la mayor parte** und bei **poco** durch **muy poco** ausgedrückt.

- **La que más** lee en nuestra familia es mi madre.
  (**Diejenige, die am meisten** in unserer Familie liest, ist meine Mutter.)
- **La mayoría de** la gente no lo sabe.
  (**Die meisten** Leute wissen es nicht.)

Die Stellung des Adverbs (la posición del adverbio)

In der Regel steht das Adverb nach dem Verb, vor dem Adjektiv oder einem anderen Adverb. Zur besonderen Hervorhebung können die Adverbien gegebenenfalls auch an den Satzanfang oder an das Satzende treten.

Beim Verb

Die Adverbien stehen in den einfachen und zusammengesetzten Zeiten in der Regel nach dem Verb bzw. Prädikat.

- Me *gusta* **mucho** leer.
- Me *ha ayudado* **mucho**.

Entonces steht zum Ausdruck eines bereits genannten Zeitpunkts oder Zeitraums der Vergangenheit vor dem Verb.

- El lunes rechacé el puesto que me ofrecieron. Luego me arrepentí y volví a llamar al día siguiente, pero **entonces** ya *era* demasiado tarde.

Recientemente steht vor dem Partizip und wird dann meist zu **recién** verkürzt.

- Esta tarde tenemos la visita de un amigo **recién** *llegado* de Madrid.

Bei Adjektiven und anderen Adverbien

Die Adverbien stehen in der Regel vor Adjektiven oder anderen Adverbien.

- Este libro es **muy** *interesante*.
- Habla **muy** *bien* el español y el francés.

Mucho und **poco** stehen ebenfalls vor dem Adjektiv oder anderen Adverbien, wobei ersteres in der Bedeutung *viel* vor dem Komparativ steht, letzteres drückt das Gegenteil mit negativem Sinn aus.

- Estos libros son **mucho** *más interesantes*.
- Ahora, los obreros ganan **mucho** *más* que antes.
- Esta mujer es **poco** *amable*.
- María trabaja **poco** *esmeradamente*.

Mismo steht zur besonderen Hervorhebung nach den Adverbien der Zeit und des Ortes.

- Mi madre ha venido *hoy* **mismo**.
- Mañana nos encontramos *aquí* **mismo**.

Am Satzanfang, Satzende

Zur Hervorhebung können die Adverbien an den Satzanfang oder an das Satzende treten.

- **Naturalmente**, me gusta leer.
- Me gusta leer, **naturalmente**.

Das folgende Schaubild zeigt die Stellung der Adverbien im Satz im Überblick.

Me *gusta* **mucho** leer. | Prädikat | **Adverb**

entonces | Verb | **Entonces** ya *era* demasiado tarde.

recien(te-mente) | Partizip | He encontrado un amigo **recién** *llegado* de Madrid.

Adverb | Adjektiv, Adverb | Este libro es **muy** *interesante.*

Mi madre ha venido *hoy* **mismo**. | **Ort, Zeit** | **mismo**

Me gusta leer, **naturalmente.** | Satz | **Adverb**

Satz | **Naturalmente**, me gusta leer.

Die Grundzahlen (los números cardinales)

Die folgende Aufstellung stellt die Grundzahlen im Überblick dar. Dabei sind bei Zusammensetzungen aus Einern und Zehnern und Hundertern und Tausendern einige Beispiele gegeben, die aufzeigen, wie andere Zahlen dieser Art gebildet werden.

Einer	Zehner		Hunderter, Tausender
0 cero	10 diez	20 veinte	100 ciento, cien
1 uno	11 once	21 veintiuno	101 ciento uno
2 dos	12 doce	22 veintidós	102 ciento dos ...
3 tres	13 trece	23 veintitrés	200 doscientos
4 cuatro	14 catorce	24 veinticuatro	300 trescientos
5 cinco	15 quince	25 veinticinco	400 cuatrocientos
6 seis	16 dieciséis	26 veintiséis	500 quinientos
7 siete	17 diecisiete	27 veintisiete...	600 seiscientos
8 ocho	18 dieciocho	30 treinta	700 setecientos
9 nueve	19 diecinueve	31 treinta y uno	800 ochocientos
		32 treinta y dos ...	900 novecientos
		40 cuarenta	1.000 mil
		50 cincuenta	1.001 mil uno ...
		60 sesenta	1.002 mil dos ...
		70 setenta	2.000 dos mil
		80 ochenta	3.000 tres mil ...
		90 noventa	100.000 cien mil ...
			200.000 doscientos mil ...
			1.000.000 un millón ...
			2.000.000 dos millones ...

Uno

Uno und die mit **uno** zusammengesetzten Zahlen werden vor männlichen Substantiven meist zu **un** verkürzt. Vor weiblichen Substantiven steht **una**.

- Tenemos que esperar todovía **un** *día.*
- Tiene ya **veintiún** *años.*
- Dentro de **veintiuna** *horas* estaremos en Los Ángeles.

Ist das erste von zwei durch **y** oder **o** verbundenen Zahlwörtern **uno** oder **una** oder ein anderes Zahlwort, so wird das zweite Zahlwort meist nachgestellt.

- Hemos andado **una** hora *o* **dos**.
- Estábamos ausentes **dos** horas *o* **tres**.

Ciento, cien

Ciento steht, wenn ihm die Zahlen 1 - 99 folgen. Von 200 - 900 erhält es ein **-s**, wenn es sich auf männliche Substantive im Plural bezieht, bezieht es sich auf weibliche Substantive im Plural, endet es auf **-as**.
In allen anderen Fällen steht **cien**.

- Tiene **ciento** *dos* discos.
- Tiene **doscientos** *discos.*
- Este libro cuesta **novecientas** *pesetas.*
- Tiene **cien** *millones* de pesetas.
- Tiene **cien** *años.*

Millón

Millón gilt als Substantiv und erhält im Plural **-es**, wobei der Akzent auf dem **-ó** entfällt. Nachfolgende Substantive werden mit **de** angeschlossen.

- Ha ganado *tres* **millones** de pesetas.
- El proyecto cuesta dos **millones** *de pesetas.*

Die Ordnungszahlen (los números ordinales)

Die folgende Aufstellung stellt die Ordnungszahlen im Überblick dar. Dabei sind bei Zusammensetzungen aus Einern und Zehnern und Hundertern und Tausendern einige Beispiele gegeben, die aufzeigen, wie andere Zahlen dieser Art gebildet werden.

Einer	Zehner		Hunderter, Tausender	
	10° décimo	20° vigésimo	100°	centésimo
1° primero	11° undécimo	21° vigésimo primero	101°	centésimo primero
2° segundo	12° duodécimo	22° vigésimo segundo...	102°	centésimo segundo ...
3° tercero	13° décimotercero	30° trigésimo	200°	ducentésimo
4° cuarto	14° décimocuarto	40° cuadragésimo	300°	trecentésimo
5° quinto	15° décimoquinto	50° quincuagésimo	400°	cuadringentésimo
6° sexto	16° décimosexto	60° sexagésimo	500°	quingentésimo
7° séptimo	17° décimoséptimo	70° septuagésimo	600°	sexcentésimo
8° octavo	18° décimoctavo	80° octogésimo	700°	septingentésimo
9° noveno	19° décimonoveno	90° nonagésimo	800°	octingentésimo
			900°	noningentésimo
			1.000°	milésimo
			2.000°	dos milésimo ...
			100.000°	cien milésimo
			200.000°	doscientos milésimo ...
			1.000.000°	millonésimo
			2.000.000°	dos millonésimo ...

Die Ordnungszahlen richten sich in Geschlecht und Zahl nach dem Wort, auf das sie sich beziehen.

- Mis padres están sentados en *la* **primera** *mesa*.
- Vivo en *el* **primer** *piso* desde hace 5 años.

Als Ziffer geschrieben, wird der Ordnungszahl für männliche Substantive ° und für weibliche Substantive ª hinzugefügt.

- Mis padres están sentados en la **1ª** mesa.
- Vivo en el **2°** piso desde hace 5 años.

Bei Herrschernamen und Jahrhunderten wird die Ordnungszahl als römische Ziffer und, im Gegensatz zum Deutschen, ohne Punkt geschrieben.

- **Juan Carlos I (Juan Carlos Primero)** es el actual rey de España.
  (**Juan Carlos I. (Juan Carlos der Erste**) ist der derzeitige König von Spanien.)

Die Ordnungszahlen werden im Spanischen meist nur bis **décimo** gebraucht. Statt der übrigen Ordnungszahlen werden Grundzahlen gebraucht.

- Este escritor ha terminado su **séptimo** libro.
- Pedro y María viven en el piso **doce**.

Primero, tercero

Primero und **tercero** werden vor männlichen Substantiven im Singular meist zu **primer** und **tercer** verkürzt.

- Vivimos en *el* **primer** *piso*.
- Mis padres viven el *el* **tercer** *piso*.

Die Bruchzahlen (los números quebrados)

Gemeine Brüche (las fracciones ordinarias)

Für die gemeinen Brüche gilt folgende Formel:

$$\frac{\text{Zähler}}{\text{Nenner}} = \frac{\text{Grundzahl}}{\text{Ordnungszahl}}$$

Ist die Grundzahl > 1, so erhält die Ordnungszahl ein Plural-s und richtet sich im Geschlecht nach ihrem Bezugswort.
Bei der Verwendung von Bruchzahlen bevorzugt das Spanische, außer bei **cuarto**, eher die Umschreibung mit **parte.**

- $\frac{1}{5}$ un quinto
- $\frac{3}{7}$ tres séptimos
- $\frac{3}{7}$ las tres séptimas partes

Bei Brüchen, die eine ganze Zahl enthalten, wird zwischen der ganzen Zahl und dem Bruch **y** eingefügt.

- **2 2/5 dos y dos quintos**
- **1 1/2 uno y medio**
- **3 1/2 tres y medio**

1/2 medio und **1/3 tercio** haben ihre eigene Form.
Medio steht dabei ohne Artikel.

- Este paquete pesa **medio (1/2)** kilogramo.
- Posee **un tercio (1/3)** de esta casa.

Dezimalbrüche (las fracciones decimales)

Für die Dezimalbrüche gilt folgende Formel:　　Grundzahl　　Komma　　Grundzahl

Die Ziffern nach dem Komma werden in der Regel nicht einzeln gesprochen.

- **3,23   tres coma veintitrés**
- **52,40   cincuenta y dos coma cuarenta**

Die Vervielfältigungszahlen (los números proporcionales)

Außer **simple, doble, triple** und **céntuplo** werden die Vervielfältigungszahlen meist aus Grundzahl + **veces más** gebildet.

> • Ha merecido **el doble**.
> (Er hat **das Doppelte** verdient.)
> • Ha recibido **nueve veces más**.
> (Er hat **neunmal so viel** bekommen.)

• **simple**	(einfach)
• **(el) doble**	((das) Doppelt(e))
• **(el) triple**	((das) Dreifach(e))
• **(el) cuádruplo**	((das) Vierfach(e))
• **(el) quíntuplo**	((das) Fünffach(e))
• **(el) séxtuplo**	((das) Sechsfach(e))

• **(el) séptuplo**	((das) Siebenfach(e))
• **(el) óctuplo**	((das) Achtfach(e))
• **nueve veces más**	((das) Neunfach(e))
...	
• **(el) céntuplo**	((das) Hundertfach(e))

Ausdrücke wie *einmal, zweimal* ... werden aus Grundzahl + **veces** gebildet.

> • Ya te he dicho **diez veces** que tienes que dejarla tranquila.
> (Ich habe dir schon **zehnmal** gesagt, daß du sie in Ruhe lassen sollst.)

Die Uhrzeit und andere Zeitangaben (la hora y otras relaciones temporales)

Die Uhrzeit (la hora)

Zeitangaben stehen mit dem weiblichen be-stimmten Artikel, **hora(s)** bzw. **minuto(s)** entfallen meist.
Zur Bezeichnung von einer Stunde bzw. von ein Uhr steht **una** (nicht **uno**), bei mehreren Stunden steht der Artikel und **ser** im Plural.

> • *Es* la una (hora) y cinco (minutos).
> • *Son* **las dos y cinco.**
> • Partimos a **las dos y media.**

Bei offiziellen Zeitangaben werden 24 Stun-den gezählt.

> • El tren llega a **las quince treinta y cinco.**

Das Datum (la fecha)

Beim Datum werden, im Gegensatz zum Deutschen, Grundzahlen verwendet. Nur für den Ersten des Monats kann die Ordnungs-zahl stehen.

> • Madrid, **el primero** de abril 1997
> • Madrid, **el uno** de abril 1997
> • Madrid, **el quince** de abril 1997

Beim Datum steht nicht wie im Deutschen der Punkt, sondern der Bindestrich.

> • **Madrid, quince de abril de 1994**
> • **(Madrid,) 15-4-1994**

Die folgenden Zeitangaben weichen vom Deutschen ab: **una semana** - 8 Tage
15 días - 14 Tage
una quincena - 14 Tage

> • Tengo **una semana** libre.
>   (Ich habe **8 Tage** frei.)
> • Estuve **15 días** en casa.
> • Estuve en casa **una quincena.**
>   (Ich war **14 Tage** zu Hause.)

In Jahreszahlen darf **mil** nie fehlen. Die Jah-reszahlen stehen mit **en.** Im Deutschen ste-hen die Jahreszahlen ohne Präposition.

> • Nació *en* **mil novecientos sesenta y cuatro** (1964).
>   (Er ist **neunzehnhundertvierundsechzig** geboren.)

Das Alter (la edad)

Das Alter wird angegeben mit **tener** + Grundzahl + **años.** Im Deutschen steht *sein.*

> • **Tengo treinta años.**
>   (Ich bin 30 Jahre alt.)

Die Uhrzeit (la hora)

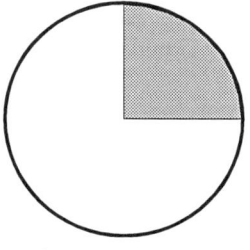

un cuarto de hora

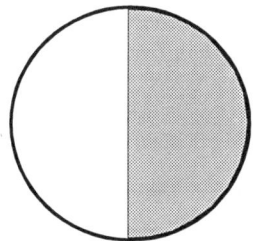

media hora

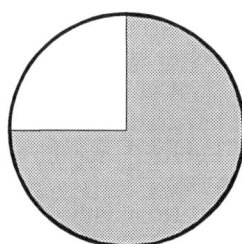

tres cuartos de hora

¿Qué hora es?

Es la una y cuarto.

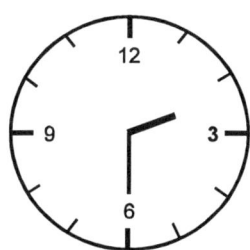

Son las dos y media.

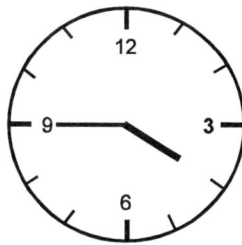

Son las cuatro menos cuarto.

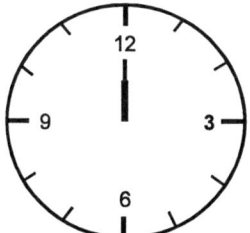

Son las doce,
es mediodía,
es medianoche.

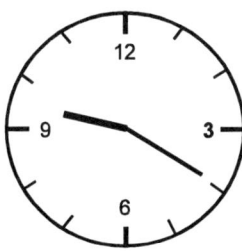

Son las nueve y veinte.

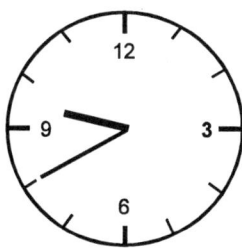

Son las diez menos veinte.

Das Pronomen (el pronombre)

Die Pronomen (Fürwörter) vertreten Personen und Sachen im Nominativ (wer-Fall), die also Subjekt sind oder im Genitiv (wessen-Fall), Dativ (wem-Fall) oder Akkusativ (wen-Fall), die also Objekt sind.

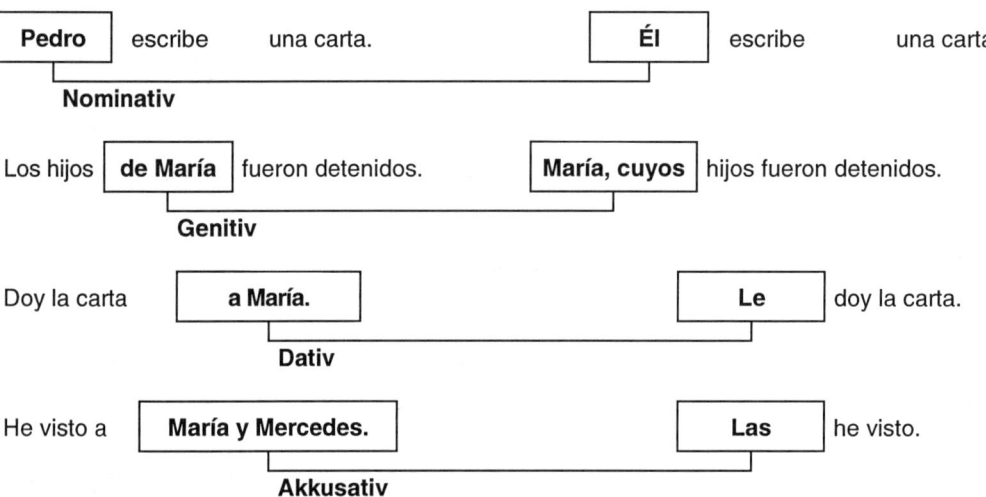

Das obige Schaubild stellt eine generelle Übersicht über die vier Fälle dar.
Meist stimmt der Fall (Kasus) im Spanischen mit dem im Deutschen überein. Ein Genitivobjekt wird meist mit der Präposition **de** an das Verb angeschlossen und folglich auch durch ein Pronomen im Genitiv ersetzt. Das Dativobjekt oder indirekte Objekt wird meist mit der Präposition **a** angeschlossen und folglich auch durch ein indirektes Objektpronomen ersetzt. Ein Akkusativobjekt oder direktes Objekt wird, handelt es sich dabei um eine Person, mit der Präposition **a** angeschlossen. Handelt es sich um eine Sache oder um eine unbekannte Person, wird es ohne Präposition angeschlossen. Es wird folglich auch durch ein direktes Objektpronomen ersetzt.

Substantivische Pronomen (los pronombres)

Die substantivischen Pronomen können ohne ein Substantiv verwendet werden.

> • ¿Dónde está tu libro? - He olvidado el **mío.**

Attributive Pronomen (los pronombres atributivos)

Die attributiven Pronomen können nicht ohne Substantiv stehen.

> • ¿Dónde está **tu** *libro?*
> • He leído **este** *libro.*

Das Personalpronomen (el pronombre personal)

Das Personalpronomen (persönliches Fürwort) vertritt Personen und Sachen.

Das unverbundene, selbständige Personalpronomen (el pronombre personal)

Das unverbundene oder selbständige Personalpronomen vertritt Personen, die Subjekt (Nominativ), Genitivobjekt, indirektes Objekt (Dativ) oder direktes Objekt sind. Sie stehen ohne Verb.

Nu.	Pers.	Genus	Subjekt (Nominativ)	Genitiv	Indirektes Obj. (Dativ)	Direktes Objekt (Akkusativ)
Sing.	1	mask.	yo	de mí	a mí	(a) mí
		fem.				
	2	mask.	tú	de tí	a tí	(a) tí
		fem.				
	3	mask.	él	de él	a él	(a) él
		fem.	ella	de ella	a ella	(a) ella
	Anrede	mask.	usted (Vd.)	de usted	a usted	(a) usted
		fem.				
Plur.	1	mask.	nosotros	de nosotros	a nosotros	(a) nosotros
		fem.	nosotras	de nosotras	a nosotras	(a) nosotras
	2	mask.	vosotros	de vosotros	a vosotros	(a) vosotros
		fem.	vosotras	de vosotras	a vosotras	(a) vosotras
	3	mask.	ellos	de ellos	a ellos	(a) ellos
		fem.	ellas	de ellas	a ellas	(a) ellas
	Anrede	mask.	ustedes (Vds.)	de ustedes	a ustedes	(a) ustedes
		fem.				

Die Subjektpronomen

Die Subjektpronomen vertreten Personen, die Subjekt sind. Sie werden meist weggelassen, da aus der konjugierten Verbform ersichtlich ist, um welche Person es sich handelt. Sie stehen nur zur Hervorhebung, häufig nach dem Infinitiv und dem gerundio.

- **(Yo)** *compro* un libro.
- **(Tú)** *has dormido.*
- *Estando* **ella** con los niños, no estoy preocupado.

In Fragen und Antworten ohne Verb und häufig im Vergleich nach **como** und **que**.

- Venga aquí, por favor. ¿Quién, **yo**?
- ¿Tienes tanto trabajo *como* **yo**?
- Tengo más trabajo *que* **tú**.

Nach der Präposition **entre**.

- *Entre* **tú** y **yo** lo discutimos.

Die Objektpronomen

Die Objektpronomen stehen auch meist nur zur Betonung, vor allem nach Präpositionen. Sie werden dann meist durch ein redundantes Pronomen ergänzt.

- *A* **mí** no *me* han invitado.
- *A* **tí** no *te* hemos visto.

Mí und **tí** werden mit der Präposition **con** zu **conmigo** und **contigo** zusammengefaßt. Alle anderen Pronomen bleiben unverändert.

- ¿Vienes **conmigo**? Sí, voy **contigo**.
- ¿Vienes conmigo? No, voy **con él**.

Die Anredepronomen

Tú, tí bzw. **vosotros, vosotras** sind Anredepronomen für eine bzw. mehrere Personen, die man duzt (du, dir, dich bzw. ihr, euch).
Usted bzw. **ustedes** sind Anredepronomen für eine bzw. mehrere Personen, die man siezt (Sie, Ihnen). **Vd.** bzw. **Vds.** sind die entsprechenden Abkürzungen.
Die Anredepronomen können auch weggelassen werden.

- ¿Puedes **(tú)** venir mañana?
  (Kannst **du** morgen kommen?)
- ¿Podéis **(vosotros)** venir mañana?
  (Könnt **ihr** morgen kommen?)
- ¿Puede **(usted, Vd.)** venir mañana?
  (Können **Sie** (eine Person) morgen kommen?)
- ¿Pueden **(ustedes, Vds.)** venir mañana?
  (Können **Sie** (mehrere Personen) morgen kommen?)

Das verbundene, unbetonte Personalpronomen (el pronombre personal átono)

Das verbundene oder unbetonte Personalpronomen vertritt Personen und Sachen, die indirektes Objekt (Dativ) oder direktes Objekt (Akkusativ) sind und stehen in Verbindung mit einem Verb. Subjekte werden von den unverbundenen, betonten Personalpronomen vertreten.

Nu.	Pers.	Genus	Subjekt (Nominativ)	Indirektes Objekt (Dativ)	Direktes Objekt (Akkusativ)
Sing.	1	mask.	yo	me	me
		fem.			
	2	mask.	tú	te	te
		fem.			
	3	mask.	él		le, lo
		fem.	ella	le; se	la
		neutr.			lo
	Anrede	mask.	usted (Vd.)	le; se	le, lo
		fem.			la
Plur.	1	mask.	nosotros	nos	nos
		fem.	nosotras		
	2	mask.	vosotros	os	os
		fem.	vosotras		
	3	mask.	ellos	les; se	les, los
		fem.	ellas		las
	Anrede	mask.	ustedes (Vds.)	les; se	les, los
		fem.			las

Die indirekten Objektpronomen le und les

Le und les vertreten Personen und Sachen, die indirektes Objekt sind.
Dabei vertritt le eine männliche oder weibliche Person oder Sache, les mehrere.

> • Escribo una carta *a Pepe*. - **Le** escribo.
> • Escribo una carta *a las amigas*. - **Les** escribo.
> • Doy importancia *a esta cosa*. - **Le** doy importancia.
> • Doy importancia *a estos libros*. - **Les** doy importancia.

Das indirekte Objektpronomen se

Treffen die indirekten Objektpronomen **le**, **les** auf ein direktes Objektpronomen (meist eine Sache), so werden sie durch **se** ersetzt.

> • Doy un libro *a Pedro*. - **Le** doy *un libro*. - **Se** *lo* doy.
> • Escribo una carta *a María y Mercedes*. **Les** escribo *una carta*. - **Se** *la* escribo.

Die direkten Objektpronomen le, les, lo, los und la, las

Le, les, lo, los und la, las vertreten Personen und Sachen, die direktes Objekt sind.
Dabei vertreten le bzw. les eine bzw. mehrere männliche Personen, lo bzw. los vertreten eine bzw. mehrere männliche Personen oder Sachen.
La bzw. las vertreten eine bzw. mehrere weibliche Personen oder Sachen.

> • Busco a *Paco*. - **Le/lo** busco.
> • Busco a *Paco y Alfredo*. - **Les/los** busco.
> • Compro *un libro*. - **Lo** compro.
> • Compro *dos libros*. **Los** compro.
> • Busco a *María*. **La** busco.
> • Busco a *María y Mercedes*. **Las** busco.
> • Compro *una casa*. - **La** compro.
> • Compro *las casas*. **Las** compro.

Neben seiner ursprünglichen Funktion, in der es ein direktes Personen- oder Sachobjekt ersetzt, steht **lo** auch in neutraler Funktion für einen ganzen Satzinhalt (es) oder bezüglich eines unbestimmten Subjekts (**esto** etc.).

> • ¿Viene? - No **lo** sé.
>   (Ob er kommt? - Ich weiß es nicht.)
> • ¿Qué es *esto*? - No **lo** sé.

Die Anredepronomen

Te bzw. os sind Anredepronomen für eine bzw. mehrere Personen, die man duzt (dir, dich bzw. euch).

> • *Pepe,* **te** doy el libro.
>   (*Pepe,* ich gebe **dir** das Buch.)
> • *María y Mercedes,* **os** doy el libro.
>   (*María und Mercedes,* ich gebe **euch** das Buch.)

Le bzw. **les** dienen der Anrede einer bzw. mehrerer Personen, die indirektes Objekt sind und die man siezt (Ihnen).
Sie werden durch **se** ersetzt, wenn sie auf ein direktes Objektpronomen treffen.

- *Señor*, **le** doy el documento.
  (*Mein Herr*, ich gebe **Ihnen** das Dokument.)
- *Señoras*, **les** doy el documento.
  (*Meine Damen*, ich gebe **Ihnen** das Dokument.)
- Doy este documento *a usted (Vd.)*.
  Le doy *este documento*. - **Se** *lo* doy.

Le, lo bzw. **les, los** dienen der Anrede einer bzw. mehrerer männlicher Personen, die direktes Objekt sind und die man siezt (Sie).
La bzw. **las** dienen der Anrede einer bzw. mehrerer weiblicher Personen.

- *Señor García*, **le/lo** he visto.
  (*Señor García*, ich habe **Sie** gesehen.)
- *Señores*, **les/los** he visto.
  (*Meine Herren*, ich habe **Sie** gesehen.)
- *Señora García*, **la** he visto.
  (*Señora García*, ich habe **Sie** gesehen.)
- *Señoras*, **las** he visto.
  (*Meine Damen*, ich habe **Sie** gesehen.)

Das redundante, verbundene Personalpronomen (el pronombre personal redundante)

Das redundante, verbundene Personalpronomen ist eine Besonderheit der spanischen Sprache und ein beliebtes Stilmittel, vor allem in der Umgangssprache. Es hat dieselben Formen wie das verbundene, unbetonte Personalpronomen und bleibt im Deutschen unübersetzt.

Durch das redundante Personalpronomen wird ein bereits erwähnter Satzteil nochmals aufgenommen.

- **Le** he dicho *a Pedro* mil veces que no lo haga.
- *A Pedro* no **le** conocen tampoco.

Vorangestellte und dadurch hervorgehobene direkte Objekte werden durch das entsprechende Pronomen wieder aufgenommen.
Ist das direkte Objekt ein vor dem Verb stehendes Fragewort, ein Relativpronomen oder ein Substantiv mit unbestimmtem Artikel oder ohne Artikel, wird das redundante Pronomen nicht verwendet.

- *Esto* ya **lo** he hecho yo.
  (**Dies** habe ich schon gemacht.)
- *A él* ya **le** he visto.
  (**Ihn** habe ich schon gesehen.)
- ¿*A quién* ha visto?
- El libro *que* ha sido publicado esta semana ha tenido mucho éxito.
- Buenos *vinos* he bebido.

Ist **todo** direktes Objekt, so wird es durch das Pronomen **lo** vor dem Verb wieder aufgenommen. **Todos** wird gelegentlich wieder aufgenommen.

- Pedro **lo** sabe *todo*.
- **Lo** hace *todo* bien.
- Pedro **los** ha visto *a todos*.

Die Stellung des Personalpronomens (la posición del pronombre personal)

Für die Stellung der verbundenen, unbetonten Personalpronomen gilt in der Regel, daß die Pronomen, die eine Person bezeichnen vor die Pronomen, die eine Sache bezeichnen, treten.

Beim Verb

Die Pronomen stehen vor dem Prädikat, d. h. in den einfachen Zeiten stehen sie vor dem Verb, in den zusammengesetzten Zeiten stehen sie vor dem Hilfsverb.

Subjekt(pronomen)	indirektes Obj. pron.	direktes Obj. pron.	Prädikat
• Pedro	me	lo	dice.
• Pedro	me	lo	ha dicho.

Treffen die indirekten Objektpronomen **le, les** auf ein direktes Objektpronomen, so werden die indirekten Objektpronomen durch **se** ersetzt.

Indirektes Objektpronomen	direktes Objektpronomen	Prädikat
• **Se**	**la**	escribí.
(**Le** escribí	**una carta.**)	

Beim Infinitiv

Die Pronomen werden an den Infinitiv angehängt. Da sich die Betonung des Infinitivs dadurch nicht verändern darf, erhält der Infinitiv auf der letzten Silbe den Akzent, wenn zwei Pronomen angehängt werden.

Subjekt(pronomen)	Verb	Infinitiv + Pronomen
• Pedro	va a	**llamarte.**
• Pedro	va a	**explicártelo.**

Bei zwei Infinitiven kann das Pronomen, das Objekt des zweiten Infinitivs ist, auch an den ersten angehängt werden.

Subjekt(pron.)	Prädikat	1. Inf. + Pron.	2. Infinitiv	Objekt
• Pedro	se apresuraba para	**poderles**	**dar**	la noticia.

Beim gerundio

Die Pronomen werden an das gerundio angehängt. Da sich seine Betonung dadurch nicht verändern darf, erhält es den Akzent.

Gerundio + Pronomen	Objekt	Restsatz
• **Lavándome**	el pelo	se me cayó el jabón.

Bei der Konstruktion **estar** + gerundio tritt das Pronomen meist vor **estar**.

Pronomen	estar + gerundio	Objekt
• **Me**	**estoy preparando**	para el examen.

Beim Imperativ

Die Pronomen werden an den bejahten Imperativ angehängt. Da sich die Betonung des Imperativs dadurch nicht verändern darf, erhält der Imperativ dann den Akzent.

Imperativ + Pronomen
• **¡Dígaselo!**

Beim verneinten Imperativ stehen die Pronomen zwischen **no** und der Imperativform.

No	indir. Objektpronomen	dir. Objektpronomen	Imperativ
• **¡No**	**se**	**lo**	**creas!**

Das Reflexiv- und Reziprokpronomen (el pronombre reflexivo y recíproco)

Das Reflexivpronomen (rückbezügliches Fürwort) und das Reziprokpronomen (Fürwort der Gegenseitigkeit) bezieht sich „zurück" auf das Subjekt, d. h. Pronomen und Subjekt bezeichnen dieselbe Person. Reflexiv- und Reziprokpronomen haben dieselbe Form, das Reziprokpronomen kommt nur im Plural vor.

Person/ Genus	1. Person Singular	2. Person Singular	3. Person Singular	1. Person Plural	2. Person Plural	3. Person Plural
mask.	me	te	se	nos	os	se
fem.						
			sí			sí

Die Reflexivpronomen stehen bei den reflexiven Verben. Die Reziprokpronomen stehen bei den reziproken Verben und werden nur im Plural verwendet.

- Pedro **se** *queja* siempre de su esposa.
- **Nos** *conocemos* desde hace mucho tiempo.

Se

Se wird mit der Präposition **con** zu **consigo** zusammengefaßt.

- El proyecto futuro lleva **consigo** inversiones grandísimas.

Sí

Sí bezeichnet ein unbestimmtes Subjekt und wird meist durch **mismo** verstärkt.

- Nadie puede vivir por **sí** *mismo*.
- El egoísta piensa solamente en **sí** *mismo*.

Das Possessivpronomen (el pronombre posesivo)

Das Possessivpronomen (besitzanzeigendes Fürwort) drückt ein Besitzverhältnis aus.

Das unbetonte Possessivpronomen (el pronombre posesivo átono)

Das unbetonte Possessivpronomen bezieht sich auf Personen und Sachen und richtet sich in Geschlecht und Zahl nach dem Substantiv, auf das es sich bezieht, also nach dem Besitzobjekt und nicht nach dem Besitzer.

Nu.	Pers.	Genus	Singular	Plural
Sing.	1	mask.	mi	mis
		fem.		
	2	mask.	tu	tus
		fem.		
	3	mask.	su	sus
		fem.		
	Anrede	mask.	su	sus
		fem.		
Plur.	1	mask.	nuestro	nuestros
		fem.	nuestra	nuestras
	2	mask.	vuestro	vuestros
		fem.	vuestra	vuestras
	3	mask.	su	sus
		fem.		
	Anrede	mask.	su	sus
		fem.		

155

Die Possessivpronomen richten sich in Geschlecht und Zahl nach dem Besitzobjekt und nicht nach dem Besitzer.

> - *Pedro y Juan* dicen: <<Es **nuestra** *casa.*>>
> - *María y Elena* dicen: <<Son **nuestros** *libros.*>>

Das Possessivpronomen s u

Das Anredepronomen **su** kann, um Verwechslungen mit dem **su** zur Bezeichnung der dritten Person zu vermeiden, durch **de** + Personalpronomen ergänzt werden.
Statt **su** kann auch der bestimmte Artikel stehen.

> - ¿Ha venido **su** padre?
>   (Ist **Ihr/sein/ihr** Vater gekommen?)
> - ¿Ha venido **su** padre **de Vd.?**
>   (Ist **Ihr** Vater gekommen?)
> - ¿Ha venido **el** padre **de Vd.?**
>   (Ist **Ihr** Vater gekommen?)

Das betonte Possessivpronomen (el pronombre posesivo tónico)

Das betonte Possessivpronomen vertritt Personen und Sachen und richtet sich in Geschlecht und Zahl nach dem Substantiv, das es vertritt.

Nu.	Pers.	Genus	Singular	Plural
Sing.	1	maskulin	**mío**	**míos**
		feminin	**mía**	**mías**
	2	maskulin	**tuyo**	**tuyos**
		feminin	**tuya**	**tuyas**
	3	maskulin	**suyo**	**suyos**
	Anrede	feminin	**suya**	**suyas**
Plur.	1	maskulin	**nuestro**	**nuestros**
		feminin	**nuestra**	**nuestras**
	2	maskulin	**vuestro**	**vuestros**
		feminin	**vuestra**	**vuestras**
	3	maskulin	**suyo**	**suyos**
	Anrede	feminin	**suya**	**suyas**

Nach Substantiven + unbestimmter Artikel

Das betonte Possessivpronomen steht nach Substantiven mit unbestimmtem Artikel.

- Tenemos que visitar a *un amigo* **mío.**
- Podemos tomar *un coche* **mío.**

Mit dem bestimmten Artikel

In Verbindung mit dem bestimmten Artikel stehen die betonten Possessivpronomen in der Bedeutung von *der, die, das Meinige* etc.

- **Los suyos** son personas muy amables.
  (Die Seinigen sind sehr nette Leute.)

Ser + betontes Possessivpronomen

In der Bedeutung von *gehören* stehen die betonten Possessivpronomen mit **ser.**

- Este coche *es* **mío.**
  (Das Auto *gehört* **mir.**)

Das Demonstrativpronomen (el pronombre demostrativo)

Das Demonstrativpronomen (hinweisendes Fürwort) weist auf Personen oder Sachen.

Das substantivische Demonstrativpronomen (el pronombre demostrativo)

Nu.	Pers.	Genus.	éste	ése	aquél
Sing.	3	mask.	éste	ése	aquél
		fem.	ésta	ésa	aquélla
		neutr.	esto	eso	aquello
Plur.	3	mask.	éstos	ésos	aquéllos
		fem.	éstas	ésas	aquéllas

	éste	ése	aquél
Stellvertretend für Näherliegendes/ Fernerliegendes	**Éste** weist auf Personen oder Sachen in der Nähe (dieser) oder in Aufzählungen auf das Zuletztgenannte.	**Ése** weist auf Personen oder Sachen in der Ferne (jener).	**Aquél** weist auf Personen oder Sachen, die örtlich oder zeitlich weiter entfernt sind (jener) oder in Aufzählungen auf das Zuerstgenannte.
	• ¿Quién es *este hombre*? - ¿**Éste**? - No sé. • ¿De quién son *estas casas*? - ¿**Éstas**? - Son mías. • *Picasso* y *Dalí* eran pintores españoles; **éste** (Dalí) era un pintor del surrealismo.	• ¿Quién es *ese hombre*? - ¿**Ése**? - No sé. • ¿De quién son *esas casas*? - ¿**Ésas**? - Son mías.	• ¿Quién es *ese hombre*? - ¿**Aquél**? - No sé. • ¿De quién son *esas casas*? - ¿**Aquéllas**? - Son mías. • *Picasso* y Dalí eran pintores españoles; **aquél** (Picasso) era un pintor del modernismo.

	esto	eso	aquello
Bezüglich eines ganzen Satzinhalts	**Esto** bezieht sich auf einen ganzen Satzinhalt (es, das) und trägt keinen Akzent.	**Eso** bezieht sich auf einen ganzen Satzinhalt (es, das) und trägt keinen Akzent.	**Aquello** bezieht sich auf einen ganzen Satzinhalt (es, das) und trägt keinen Akzent.
	• **Esto** no me gusta nada. (**Das** gefällt mir gar nicht.)	• Ocuparse de los niños y trabajar, **eso** sí que es un problema. (Sich um die Kinder zu kümmern und zu arbeiten, **das** ist wirklich ein Problem.)	• **Aquello** que vaticinaste no se ha cumplido. (**Das was** du prophezeit hast, hat sich nicht erfüllt.)

Das attributive Demonstrativpronomen (el pronombre demostrativo atributivo)

Nu.	Pers.	Genus.	este	ese	aquel
Sing.	3	mask.	este	ese	aquel
		fem.	esta	esa	aquella
Plur.	3	mask.	estos	esos	aquellos
		fem.	estas	esas	aquellas

	este	ese	aquel
Stellvertretend für Näherliegendes/ Fernerliegendes	**Este** bezeichnet Personen oder Sachen in der Nähe (dieser).	**Ese** bezeichnet Personen oder Sachen in der Ferne (jener).	**Aquel** bezeichnet Personen oder Sachen, die örtlich oder zeitlich weiter entfernt sind (jener).
	• ¿Quién es **este** *hombre*? • ¿De quién son **estas** *casas*?	• ¿Quién es **ese** *hombre*? • ¿De quién son **esas** *casas*?	• ¿Quién es **aquel** *hombre*? • ¿De quién son **aquellas** *casas*?

Das Relativpronomen (el pronombre relativo)

Das Relativpronomen (bezügliches Fürwort) bezieht sich auf unmittelbar vorausgehende Substantive, die Subjekt (Nominativ), Genitivobjekt, indirektes Objekt (Dativ) oder direktes Objekt (Akkusativ) sind. Es leitet einen Nebensatz, den sogenannten Relativsatz ein.

Rel.pron.	Nu.	Pers.	Genus	Subjekt (Nominativ)	Genitiv	Indir. Obj. (Dativ)	Dir. Obj. (Akkusativ)
que	Sing.	3	mask.	que	de que	a que	que
			fem.	que	de que	a que	que
	Plur.	3	mask.	que	de que	a que	que
			fem.	que	de que	a que	que
el que	Sing.	3	mask.	el que	del que	al que	el que
			fem.	la que	de la que	a la que	la que
			neutr.	lo que	de lo que	a lo que	lo que
	Plur.	3	mask.	los que	de los que	a los que	los que
			fem.	las que	de las que	a las que	las que
el cual	Sing.	3	mask.	el cual	del cual	al cual	el cual
			fem.	la cual	de la cual	a la cual	la cual
			neutr.	lo cual	de lo cual	a lo cual	lo cual
	Plur.	3	mask.	los cuales	de los cuales	a los cuales	los cuales
			fem.	las cuales	de las cuales	a las cuales	las cuales
quien	Sing.	3	mask.	quien	de quien	a quien	quien
			fem.	quien	de quien	a quien	quien
	Plur.	3	mask.	quienes	de quienes	a quienes	quienes
			fem.	quienes	de quienes	a quienes	quienes
cuyo	Sing.	3	mask.	-	cuyo	-	-
			fem.	-	cuya	-	-
	Plur.	3	mask.	-	cuyos	-	-
			fem.	-	cuyas	-	-

Rel.pron.	Nu.	Pers.	Genus	Subjekt (Nominativ)	Genitiv	Indir. Obj. (Dativ)	Dir. Obj. (Akkusativ)
cuanto	Sing.	3	mask.	cuanto	-	a cuanto	cuanto
			fem.	cuanta	-	a cuanta	cuanta
			neutr.	cuanto	-	a cuanto	cuanto
	Plur.	3	mask.	cuantos	-	a cuantos	cuantos
			fem.	cuantas	-	a cuantas	cuantas
donde							
cuando							

	que	quien
Bezüglich Personen und Sachen	**Que** bezieht sich auf Personen oder Sachen und kann nur mit einem unmittelbar vorangehenden Substantiv stehen. Es steht vor allem nach kurzen, einsilbigen Präpositionen.	**Quien** bezieht sich auf Personen, nicht auf Sachen. Es kann mit einem vorangehenden Substantiv stehen und ohne (Korrelativpronomen). Es steht vor allem nach einsilbigen Präpositionen. Ist keine Präposition vorhanden, wird **que** bevorzugt.
	• *El hombre* **que** ha olvidado su coche. • *Las casas* **que** venderé.	• Éste es *el hombre para* **quien** trabajo desde hace 10 años. • Éstas son *las mujeres para* **quienes** trabajo desde hace 10 años. • **Quien** lo crea, está equivocado.

el que	el cual
El que steht bezüglich Personen oder Sachen mit einem vorangehenden Substantiv oder ohne (Korrelativpronomen). Es steht meist nach mehrsilbigen Präpositionen und vor allem nach **de, por, para.**	**El cual** steht bezüglich Personen oder Sachen. Es steht meist nach mehrsilbigen Präpositionen und vor allem' nach **de, por** und **para.**

el que	el cual
• Éste es *el hombre para* **el que** trabajo desde hace 10 años. • Éstas son *las mujeres para* **las que** trabajo desde hace 10 años. • **Los que** conocen a Antonio le quieren mucho.	• Éste es *el hombre para* **el cual** trabajo desde hace 10 años. • Éstas son *las mujeres para* **las cuales** trabajo desde hace 10 años.

Bezüglich eines ganzen Satzinhalts

lo que	lo cual
Lo que ist in Geschlecht und Zahl unveränderlich und bezieht sich auf einen ganzen Satzinhalt oder auf ein unbestimmtes Bezugswort wie **todo** oder **esto**. • Yo sé **lo que** he visto. (Ich weiß, **was** ich gesehen habe.) • Esto es *todo* **lo que** tenía que decir.	**Lo cual** ist in Geschlecht und Zahl unveränderlich und bezieht sich auf einen ganzen Satzinhalt. Es wird seltener verwendet als **lo que**. • Tengo que levantarme muy temprano **lo cual** no me parece muy bien. (Ich muß sehr früh aufstehen, **was** mir nicht sehr gefällt.)

Zur Bezeichnung des Besitzverhältnisses

cuyo	del cual
Cuyo bezeichnet ein (folgendes) Besitzobjekt, das eine Person oder Sache ist. Im Gegensatz zum Spanischen, richtet sich das Relativpronomen im Deutschen nicht nach dem Besitzobjekt, sondern nach dem Besitzer.	**Del cual** bezeichnet ein (vorangehendes) Besitzobjekt, das eine Person oder Sache ist. Im Gegensatz zum Spanischen, richtet sich das Relativpronomen im Deutschen nicht nach dem Besitzobjekt, sondern nach dem Besitzer. Nach Indefinitpronomen kann nur **del cual** stehen.
• La madre **cuyo** *hijo* fue detenido ayer. (*Die Mutter*, **deren** Sohn gestern verhaftet wurde.) • El hombre **cuyas** *casas* fuen subastadas el otro día. (*Der Mann*, **dessen** Häuser neulich versteigert wurden.)	• Mi hermano tiene *un amigo* la madre **del cual** fue detenida ayer. (Mein Bruder hat *einen Freund*, **dessen** *Mutter* gestern verhaftet wurde.) • Tiene muchos libros *algunos* de **los cuales** yo conozco muy bien. (Er hat *viele Bücher*, **von denen** ich einige sehr gut kenne.)

Anzahl,
Menge

cuanto	
Cuanto bezeichnet die Anzahl von Personen oder Sachen. Die neutrale Form **cuanto** bezeichnet die Menge und steht ohne Bezug auf ein vorangehendes Substantiv.	• No puedes imaginarte **cuantos** *turistas* han esperado en el aeropuerto. • No puedes imaginarte **cuantas** *casas* tiene. • Decía **cuanto** sabía.

Ort/Zeit

donde	cuando	que
Zur Bezeichnung des Ortes kann es mit und ohne Bezug auf ein vorangehendes Substantiv stehen. Relativpronomen ohne Bezug auf ein vorangehendes Substantiv heißen Korrelativpronomen.	Zur Bezeichnung der Zeit steht es ohne Bezug auf ein vorangehendes Substantiv (Korrelativpronomen).	Zur Bezeichnung der Zeit steht es immer mit Bezug auf ein vorangehendes Substantiv.
• *La Universidad de Madrid* **donde** he estudiado. • **Donde** mejor se come es allí.	• **Cuando** llegó mi padre fue un día de alegría. • Recuerdo **cuando** éramos chicos.	• *El día* **que** llegó mi padre fue un día de alegría.

163

Das Interrogativpronomen (el pronombre interrogativo)

Das Interrogativpronomen (Fragefürwort) leitet Fragesätze ein und fragt nach Personen oder Sachen, die Subjekt (Nominativ), indirektes Objekt (Dativ) oder direktes Objekt (Akkusativ) sind.

Int. Pron.	Nu.	Pers.	Genus	Subjekt (Nominativ)	Indir. Objekt (Dativ)	Dir. Objekt (Akkusativ)
qué	Sing.	3	mask.	qué	a qué	qué
			fem.	qué	a qué	qué
	Plur.	3	mask.	qué	a qué	qué
			fem.	qué	a qué	qué
quién	Sing.	3	mask.	quién	a quién	quién
			fem.	quién	a quién	quíen
	Plur.	3	mask.	quiénes	a quiénes	quiénes
			fem.	quiénes	a quiénes	quiénes
cuál	Sing.	3	mask.	cuál	a cuál	cuál
			fem.	cuál	a cuál	cuál
	Plur.	3	mask.	cuáles	a cuáles	cuáles
			fem.	cuáles	a cuáles	cuáles
cuánto	Sing.	3	mask.	cuánto	a cuánto	cuánto
			fem.	cuánta	a cuánta	cuánta
			neutr.	cuánto	a cuánto	cuánto
	Plur.	3	mask.	cuántos	a cuántos	cuántos
			fem.	cuántas	a cuántas	cuántas

cómo

cuándo

dónde

164

	qué	quién	cuál
In Fragen nach Personen oder Sachen	**Qué** fragt nach Personen oder Sachen ganz allgemein. Es steht mit einem folgenden Substantiv.	**Quién** fragt nach Personen (nicht Sachen). Es steht nicht vor einem Substantiv.	**Cuál** fragt nach Personen oder Sachen aus einer Gruppe. Es kann mit und ohne nachfolgendes Substantiv stehen.
	• ¿**Qué** *persona* has encontrado en la estación? (**Was für eine** *Person* hast du am Bahnhof getroffen?) • ¿**Qué** *libros* has comprado?	• ¿**Quién** es *este hombre*? (**Wer** ist dieser Mann?) • ¿**Quiénes** son *estas mujeres*?	• ¿**Cuál** *de estos niños* que están jugando en el jardín es tu hijo? (**Welcher** *dieser Jungen*, die im Garten spielen, ist dein Sohn?) • ¿**Cuál** es tu *casa*?

	qué	
In Fragen nach einem ganzen Satzinhalt	**Qué** fragt nach einem ganzen Satzinhalt.	• ¿**Qué** hacemos si no ha terminado el trabajo? (**Was** machen wir, wenn er die Arbeit nicht erledigt hat?)

	cómo	
In Fragen nach der Art, Weise	**Cómo** fragt nach der Art und Weise.	• ¿**Cómo** se puede resolver este problema?

	cuánto	
In Fragen nach der Anzahl, Menge	**Cuánto** fragt nach der Anzahl von Personen oder Sachen. Die neutrale Form **cuánto** fragt nach der Menge, ist unveränderlich und steht ohne Bezug auf ein Substantiv.	• ¿**Cuánto** *tiempo* ha tardado? • ¿**Cuánta** gente ha venido? • ¿**A cuántas** *personas* has encontrado en la ciudad? • ¿**Cuántos** *libros* has comprado? • ¿Puede Vd. decirme **cuánto** cuesta este libro?

	cuándo	dónde	qué
In Fragen nach der Zeit/ dem Ort	**Cuándo** fragt nach der Zeit. Präpositionen und **cuándo** werden getrennt geschrieben.	**Dónde** fragt nach dem Ort. Präpositionen und **dónde** werden zusammen oder getrennt geschrieben.	**Qué** fragt nach der Uhrzeit und steht in der Wendung **qué hora?**
	• ¿*Para* **cuándo** puede Vd. terminar este trabajo?	• ¿**Dónde** está Vd.? • ¿*De* **dónde** viene Vd.? • ¿**Dedónde** viene Vd.?	• ¿**Qué** *hora* es? **(Wieviel Uhr** ist es?) • ¿**A qué** *hora* llegas?

Die Indefinitpronomen (los pronombres indefinidos)

Die Indefinitpronomen (unbestimmte Fürwörter) bezeichnen unbestimmte Personen oder Sachen.

Alguien, alguno und cualquiera

	alguien	alguno	cualquiera
Zur Bezeichnung unbestimmter Personen, Sachen	Substantivisches Indefinitpronomen zur Bezeichnung einer unbestimmten Person ((ir-gend)jemand). Es ist in Geschlecht und Zahl unveränderlich.	Substantivisches und attributives Indefinitpronomen zur Bezeichnung unbestimmter Personen oder Sachen (irgendein). Im Plural bezeichnet es eine unbestimmte Anzahl (einige). Vor einem männlichen Substantiv im Singular wird es meist zu **algún** verkürzt.	Substantivisches und attributives Indefinitpronomen zur Bezeichnung unbestimmter Personen oder Sachen (irgendeiner, jeder beliebige). Vor einem (männlichen oder weiblichen) Substantiv im Singular wird es meist zu **cualquier** verkürzt. Der Plural **cualesquiera** wird selten verwendet.
	• **Alguien** quiere hablar con Vd. • Su padre es **alguien** bien enterado.	• **Alguno** de ellos lo hará. • He visto **algunas** *cosas* que no me han gustado. • ¿Has visto **algún** *libro* interesante?	• Esto no le conviene a **cualquiera**. • **Cualquier** *persona* puede hacer un trabajo así. • **Cualquier** *cosa* que hagas me da igual.

Ninguno und nadie

	ninguno	nadie
Zu Bezeichnung unbestimmter Personen oder Sachen	Substantivisches und attributives Indefinitpronomen zur Bezeichnung unbestimmter Personen oder Sachen (keiner).	Substantivisches Indefinitpronomen zur Bezeichnung einer unbestimmten Person (niemand). Es ist in Geschlecht und Zahl unveränderlich.

ninguno	nadie
Steht **ninguno** hinter dem Verb, so muß **no** vor das Verb treten, **no** entfällt, wenn **ninguno** vor das Verb tritt. Vor einem männlichen Substantiv im Singular wird es meist zu **ningún** verkürzt.	Steht **nadie** hinter dem Verb, so muß **no** vor das Verb treten, **no** entfällt, wenn **nadie** vor das Verb tritt.
• *No* ha llamado **ninguno** de ellos. • **Ninguno** de los presentes le ha visto. • No ha consultado a **ningún** *doctor*.	• *No* hay **nadie** en la calle. • **Nadie** dijo nada.

Nu.	Pers.	Genus	alguno		cualquiera		ninguno	
Sing.	3	mask.	**alguno**	(irgendein(er))	**cualquiera**	(irgendein(er))	**ninguno**	(kein(er))
			algún	(irgendein(er))	**cualquier**	(irgendein(er))	**ningún**	(kein(er))
		fem.	**alguna**	(irgendeine)	**cualquiera**	(irgendeine)	**ninguna**	(keine)
					cualquier	(irgendeine)		
Plur.	3	mask.	**algunos**	(einige)	**cual(es)quiera**	(irgendwelche)	**ningunos**	(keine)
		fem.	**algunas**	(einige)	**cual(es)quiera**	(irgendwelche)	**ningunas**	(keine)

Algo und nada

Zur Bezeichnung einer unbestimmten Sache

algo	nada
Substantivisches Indefinitpronomen zur Bezeichnung einer unbestimmten Sache ((irgend)etwas). Es ist in Geschlecht und Zahl stets unveränderlich.	Substantivisches Indefinitpronomen zur Bezeichnung einer unbestimmten Sache (nichts). Steht **nada** hinter dem Verb, so muß **no** vor das Verb treten, **no** entfällt, wenn **nada** vor das Verb tritt. Es ist in Geschlecht und Zahl stets unveränderlich.
• Yo sé **algo** que tú no sabes. • ¿Has visto **algo** como esto?	• *No* puedo ver **nada**. • **Nada** sabemos de lo que ocurrió.

Cada und cada uno

	cada uno	cada
Zur Bezeichnung jeder einzelnen Person oder Sache	Substantivisches Indefinitpronomen zur Bezeichnung jeder einzelnen Person aus einer Gruppe (jeder).	Attributives Indefinitpronomen zur Bezeichnung jeder einzelnen Person oder Sache aus einer Gruppe (jede, r, s). Es ist in Geschlecht und Zahl unveränderlich.
	• **Cada uno** de vosotros tiene su propia habitación. • **Cada una** de vosotras tiene su propia habitación.	• **Cada** *alumno* recibió un libro. • Me levanto **cada** *día* a las siete.

Nu.	Pers.	Genus	cada uno		cada	
Sing.	3	mask.	**cada uno**	(jeder)	**cada**	(jeder)
		fem.	**cada una**	(jede)	**cada**	(jede)

Uno

	uno	
Zur Bezeichnung unbestimmter Personen, Sachen	Substantivisches und attributives Indefinitpronomen zur Bezeichnung unbestimmter Personen oder Sachen (einer; einige).	• **Una** de ellas me ha preguntado si tú vienes. • **Unos** lo saben mejor que otros. • He visto a **unas** *niñas*. • Ha escrito **unos** *libros*.

Person	Genus	Singular		Plural	
3	maskulin	**uno**	(einer)	**unos**	(einige)
	feminin	**una**	(eine)	**unas**	(einige)

Todo

	todo	todo el
Zur Bezeichnung „aller" Personen oder Sachen/ eines Ganzen	Substantivisches und attributives Indefinitpronomen zur Bezeichnung „aller" Personen oder Sachen (alle, jeder). Die neutrale Form **todo** bezeichnet ein Ganzes, die Gesamtheit und ist in Geschlecht und Zahl unveränderlich (alles).	Attributives Indefinitpronomen zur Bezeichnung „der ganzen, aller" Personen oder Sachen (der ganze; alle). Statt des bestimmten Artikels kann auch ein Possessiv- oder Demonstrativpronomen stehen. **Todo lo** bezeichnet ein Ganzes, die Gesamtheit. Es steht vor Adjektiven, Possessivpronomen oder in Verbindung mit **que** (alles) und ist in Geschlecht und Zahl unveränderlich.
	• Venid **todos** aquí. • **Toda** *casa* en esta calle cuesta más de veinte millones de pesetas. • **Todo** está en orden. (**Alles** ist in Ordnung.)	• **Toda** la *escuela* se burla de esta maestra. • He leído **todos estos** *libros*. • Me creo **todo lo** *que* me digas. (Ich glaube **alles**, *was* du mir sagst.)

Nu.	Pers.	Genus	todo		todo el	
Sing.	3	mask.	**todo**	(jeder)	**todo el**	(der ganze)
		fem.	**toda**	(jede)	**toda la**	(die ganze)
		neutr.	**todo**	(alles)	**todo lo**	(alles)
Plur.	3	mask.	**todos**	(alle)	**todos los**	(alle)
		fem.	**todas**	(alle)	**todas las**	(alle)

Mucho, tanto und poco

	mucho	tanto	poco
Zur Bezeichnung „vieler"/ „weniger" Personen oder Sachen	Substantivisches und attributives Indefinitpronomen zur Bezeichnung „vieler" Personen oder Sachen (viele).	Substantivisches und attributives Indefinitpronomen zur Bezeichnung „so vieler" Personen, Sachen (so viele).	Substantivisches und attributives Indefinitpronomen zur Bezeichnung „weniger" Personen, Sachen (wenige).

	mucho	tanto	poco
	Es kann mit dem bestimmten (nicht mit dem unbestimmten) Artikel verbunden werden.		Es kann mit dem unbestimmten Artikel verbunden werden (ein bißchen).
	• **Muchos** lo saben. • **Las muchas** *ganas* que tenía.	• **¡Tantos** lo saben! • ¡Ha comprado **tantas** *cosas!*	• **Pocos** lo saben. • Tiene **poco** *dinero.* • ¿Hablas español? - Sí, **un poco**. (Sprichst du spanisch? - Ja, **ein bißchen**.)
Zur Bezeichnung einer unbestimmten Menge	Als Neutrum bezeichnet es eine unbestimmte Menge (viel) und ist in Geschlecht und Zahl unveränderlich.	Als Neutrum bezeichnet es eine unbestimmte Menge (so viel) und ist in Geschlecht und Zahl unveränderlich.	Als Neutrum bezeichnet es eine unbestimmte Menge (wenig) und ist in Geschlecht und Zahl unveränderlich.
	• Ha pasado **mucho** entretanto.	• ¡Ha pasado **tanto** desde mi partida!	• Ha pasado **poco** entretanto.

Nu.	Pers.	Genus	mucho		tanto		poco	
Sing.	3	mask.	**mucho**	(viele)	**tanto**	(so viele)	**poco**	(wenige)
		fem.	**mucha**	(viele)	**tanta**	(so viele)	**poca**	(wenige)
		neutr.	**mucho**	(viel)	**tanto**	(so viel)	**poco**	(wenig)
Plur.	3	mask.	**muchos**	(viele)	**tantos**	(so viele)	**pocos**	(wenige)
		fem.	**muchas**	(viele)	**tantas**	(so viele)	**pocas**	(wenige)

Otro und los demás

	otro	los demás
Zur Bezeichnung „der anderen"/ „der übrigen" Personen, Sachen	Substantivisches und attributives Indefinitpronomen zur Bezeichnung "anderer" Personen oder Sachen (der andere).	Attributives Indefinitpronomen zur Bezeichnung „der übrigen" Personen oder Sachen (die übrigen).

otro	los demás
Es kann zur Bezeichnung bestimmter Personen, Sachen mit dem bestimmten, jedoch nicht mit dem unbestimmten Artikel stehen. **Lo otro** bezeichnet ein Ganzes und ist in Geschlecht und Zahl unveränderlich (das andere).	**Lo demás** bezeichnet ein Ganzes und ist in Geschlecht und Zahl unveränderlich (das übrige).
• Que venga **otro** en mi lugar. • He comprado **el otro** *coche*. • Dadme **otras** *cosas*. • **Lo otro** me gusta más.	• **Los demás** *pasajeros* están salvados. • **Las demás** *proposiciones* han sido desestimadas.

Nu.	Pers.	Genus	otro		los demás	
Sing.	3	mask.	**(el) otro**	(der, ein anderer)	-	
		fem.	**(la) otra**	(die, eine andere)	-	
		neutr.	**lo otro**	(das andere)	**lo demás**	(das übrige)
Plur.	3	mask.	**(los) otros**	(die anderen)	**los demás**	(die übrigen)
		fem.	**(las) otras**	(die anderen)	**las demás**	(die übrigen)

Tal und un tal

	tal	un tal
Zur Bezeichnung „solch einer"/ „einer gewissen" Person oder Sache	Attributives Indefinitpronomen zur Bezeichnung „solcher" Personen oder Sachen (solcher).	Attributives Indefinitpronomen zur Bezeichnung „einer gewissen" Person (ein gewisser).
	• No he visto nunca **tal** *persona*. • No he visto **tales** *cosas* antes.	• **Un tal** *señor Garrote* ha llegado esta mañana. • **Una tal** *señora Garrote* ha llegado hoy.

Nu.	Pers.	Genus	tal		un tal	
Sing.	3	mask.	**tal**	(solch einer)	**un tal**	(ein gewisser)
		fem.	**tal**	(solch eine)	**una tal**	(eine gewisse)
Plur.	3	mask.	**tales**	(solche)		
		fem.	**tales**	(solche)		

Mismo, el mismo und lo mismo

	mismo	el mismo
Zur Bezeichnung „gleicher" Personen oder Sachen	Substantivisches Indefinitpronomen zur Bezeichnung „der eigenen" Person (selbst). Es steht häufig nach Pronomen.	Substantivisches und attributives Indefinitpronomen zur Bezeichnung „der gleichen" Person oder Sache. (der gleiche). **Lo mismo** bezeichnet ein Ganzes (dasselbe) und ist in Geschlecht und Zahl unveränderlich.
	• Lo va a hacer *él* **mismo**. • Lo van a hacer *ellas* **mismas**.	• *La vida* no es **la** **misma** de antes. • Tiene siempre **los mismos** *problemas*. • Hablar y hacer no es **lo mismo**.

Nu	Pers.	Genus	mismo		el mismo	
Sing.	3	mask.	**mismo**	(selbst)	**el mismo**	(der gleiche)
		fem.	**misma**	(selbst)	**la misma**	(die gleiche)
		neutr.	-	-	**lo mismo**	(das gleiche)
Plur.	3	mask.	**mismos**	(selbst)	**los mismos**	(die gleichen)
		fem.	**mismas**	(selbst)	**las mismas**	(die gleichen)

Die Konjunktion (la conjunción)

Konjunktionen sind Bindewörter und verbinden ganze Sätze oder Satzteile. Es ist zu beachten, daß manche Konjunktionen den subjuntivo verlangen. Diese sind im folgenden mit * versehen.

Nebenordnende, beiordnende Konjunktionen (conjunciones de coordinación)

Nebenordnende oder beiordnende Konjunktionen verbinden gleichartige Sätze, also zum Beispiel Haupt- und Hauptsatz.

Unterordnende Konjunktionen (conjunciones de subordinación)

Unterordnende Konjunktionen leiten Nebensätze ein.

Temporale Konjunktionen (conjunciones temporales)

Die temporalen Konjunktionen geben einen Zeitraum, Zeitpunkt an.

* **Cuando** la noche caiga, nos vamos.
* Te he echado de menos **desde que** te fuiste.

* **antes (de) que** * (bevor)
* **cada vez que** (immer wenn)
* **cuando** (*) ((jedesmal) wenn)
* **desde que** (seit)
* **después que** (nachdem)

* **hasta que** (*) (bis)
* **mientras** (*) (während)
* **siempre que** (immer wenn)
* **tan pronto como** * (sobald)

Cuando, hasta que und **mientras** stehen zum Ausdruck eines bekannten Zeitpunkts, -raums mit dem indicativo, zum Ausdruck eines unbekannten Zeitpunkts, -raums steht der subjuntivo.

* Esta mañana he leído **hasta que** *ha llamado* mi madre.
* Voy a esperar **hasta que** mi hermano *venga* a buscarme.

Finale Konjunktionen (conjunciones finales)

Die finalen Konjunktionen drücken eine Absicht, einen Zweck aus.

* Partimos pronto **a fin de que** *lleguemos* a tiempo.
* Partimos pronto **a fin de** *llegar* a tiempo.

* **a fin de que** * (damit)
* **a fin de** (+ Infinitiv) (damit)
* **de manera que** * (so daß)

* **de modo que** * (so daß)
* **para que** * (damit)

Kausale Konjunktionen (conjunciones causales)

Kausale Konjunktionen geben den Grund, die Ursache an.

> • No puedo venir **porque** llueve.
> • **Como** llueve, no puedo venir.

- **como**   (da)
- **porque**   (weil)
- **por eso**   (deshalb)

- **pues**   (denn)
- **puesto que**   (da)
- **ya que**   (da)

Steht der Nebensatz vor dem Hauptsatz, so werden hauptsächlich **como, ya que** oder **puesto que** verwendet.

> • **Ya que** estás aquí, ayúdame un poco.
> • **Puesto que** le dolía la pierna, se sentó a descansar un rato.

Konsekutive Konjunktionen (conjunciones consecutivas)

Die konsekutiven Konjunktionen **de manera que** und **de modo que** (so daß) stehen mit dem indicativo zum Ausdruck der Folge. Zum Ausdruck der Folge aus einer Absicht steht der subjuntivo.

> • Hoy no saldremos **de modo que** *podremos* reunirnos en casa.
> • Hoy no saldremos **de modo que** *podamos* reunirnos en casa.

Konzessive Konjunktionen (conjunciones concesivas)

Konzessive Konjunktionen dienen zum Ausdruck der Einräumung, des Zugeständnisses.

> • Hazme caso **aunque** sólo sea por una vez.
> • **Por mucho que** trabaje, no tenga dinero.

- **aun cuando (*)**   (selbst wenn, obwohl)
- **aunque (*)**   (selbst wenn, obwohl)

- **por mucho que ***   (so sehr auch)
- **por más que ***   (so sehr auch)

Aun cuando, aunque stehen in rein konzessiver Bedeutung mit dem subjuntivo, in adversativer Bedeutung steht der indicativo.

> • **Aunque** no *tenga* mucho tiempo, te ayudaré.
> • **Aunque** no *tengo* mucho tiempo, te ayudaré.

Konditionale Konjunktionen (conjunciones condicionales)

Konditionale Konjunktionen dienen zum Ausdruck der Bedingung.

> • Te lo doy **si** lo quieres.
> • **En el caso de que** llueva, no vendré.

- **si (*)**   (wenn, falls)
- **caso (de) que ***   (falls)
- **en el caso de que ***   (falls)

- **a condición de que ***   (unter der Bedingung daß)
- **con tal (de) que ***   (vorausgesetzt daß)

Zum Ausdruck der erfüllbaren Bedingung steht **si** mit dem **indicativo**, zum Ausdruck der unwahrscheinlichen bzw. unerfüllten Bedingung steht der **subjuntivo imperfecto** bzw. **pluscuamperfecto**. Zu beachten ist die Zeitenfolge in Bedingungssätzen.

- Te *iré* a buscar **si** *vienes* a tiempo.
- Te *iría* a buscar **si** *vinieras/vinieses* a tiempo.
- Te *habría ido* a buscar **si** *hubieras/hubieses venido* a tiempo.

Adversative Konjunktionen (conjunciones adversativas)

Adversative Konjunktionen stehen zum Ausdruck der Gegenüberstellung von Aussagen, zum Ausdruck des Gegensatzes.

- **Por una parte** me gustaría pasar las vacaciones en España; **por otra** ya he prometido que voy a pasar las vacaciones en Italia.

• **sin embargo**	(trotzdem, dennoch)	• **ni ... ni**	(weder ... noch)
• **por una parte ... por otra**	(einerseits ... andrerseits)	• **o ... o**	(entweder ... oder)
• **pero**	(aber)	• **sino**	(sondern)

Vergleichende Konjunktionen (conjunciones comparativas)

Vergleichende Konjunktionen bringen einen Vergleich zum Ausdruck.

- Era **como si** ya estuviéramos en verano.
- Lo haremos **como** tú dices.

• **como (*)**	(wie)	• **igual que**	(ebenso wie)
• **como si (*)**	(als ob, wie wenn)	• **lo mismo que**	(ebenso wie)
• **tal como (*)**	(so wie)		

Nach **(tal) como**, **como si** steht der **indicativo**, wenn klar ist, wie ein Vorgang stattfindet, ist dies unklar, steht der **subjuntivo**.

- Haremos todo **como** Vd. *desee.*
- Haremos todo **como** *desea.*

Anreihende Konjunktionen (conjunciones copulativas)

Anreihende Konjunktionen dienen zur Verbindung zweier Sätze oder Satzteile.

- No puedes salir **sin que** lo haya permitido.

• **y, e**	(und)	• **como por ejemplo**	(wie zum Beispiel)
• **o, u**	(oder)	• **es decir que**	(das heißt)
• **como**	(wie)	• **sin que ***	(ohne, daß)

Vor **i-** und **hi-** wird **y** durch **e** ersetzt, vor **o-** und **ho-** wird **o** durch **u** ersetzt.

- María **e** Isabel se entienden muy bien.
- Te puedo prestar el coche **o** la moto.

Die Präposition (la preposición)

Mit der Präposition (Verhältniswort) werden bestimmte Verhältnisse und Beziehungen gekennzeichnet.
Für den Gebrauch der Präpositionen lassen sich keine allgemeingültigen Regeln aufstellen.
Nicht jede Präposition kann in Verbindung mit jedem beliebigen Wort verwendet werden. Häufig ändert die Präposition die Bedeutung eines Wortes. Es empfiehlt sich daher jedes Wort von Anfang an mit seinen möglichen Präpositionen zu lernen.
Die folgenden Ausführungen zeigen die wichtigsten Präpositionen und ihre wichtigsten Anwendungsgebiete. Einige der folgenden Präpositionen können auch in der Funktion eines Adverbs oder einer Konjunktion stehen.

Präposition	In räumlicher Bedeutung	In zeitlicher Bedeutung	In übertragener Bedeutung
a	an, nach, zu	um (Zeitpunkt)	nach, zu
además de			außer
ante	vor	vor	angesichts
antes de		vor	
bajo	unter		unter
cerca de	nahe bei	ungefähr um, gegen	ungefähr, bei
con			mit
contra	gegen(über), an		gegen, wider
de	von, aus	in, bei	von, aus, wegen
debajo de	unter, unterhalb von		
delante de	vor		in Gegenwart von
dentro de	in(nerhalb)	in, innerhalb, binnen	
desde	aus, von, von ... aus	seit, von ... an	
después de		nach	

DIE PRÄPOSITION Die Präposition

Präposition	In räumlicher Bedeutung	In zeitlicher Bedeutung	In übertragener Bedeutung
detrás de	hinter		
durante		während	
en	an, auf, bei, in	in	an, auf, bei, in
encima de	auf, über, oberhalb		über
entre	zwischen	zwischen	zwischen, unter
frente a	gegenüber, vor		
fuera de	außerhalb		außer, ausgenommen
gracias a			dank
hacia	gegen, nach, auf, zu	gegen, etwa um	
hasta	bis	bis	bis
para	nach	an, zu	für, um, zu
por	nach	an, in, um	an, durch, für, von, wegen
según			gemäß, laut
sin			ohne
sobre	auf, über		an, außer, gegen
tras	nach, hinter		
a través de	(quer) durch		

Die Satzglieder (las partes de la oración)

Ein Satz besteht im wesentlichen aus den folgenden Satzgliedern.
Er besteht aus mindestens einem Hauptsatz (oración principal) oder einem Haupt- und Nebensatz (oración subordinada). Sätze, die aus Haupt- und Nebensatz bestehen, nennt man Satzgefüge (período caúsula). Der Hauptsatz ist der übergeordnete Teil eines Satzgefüges und kann, im Gegensatz zum Nebensatz, jederzeit alleine stehen.

Subjekt (sujeto)

Das Subjekt (Satzgegenstand) drückt aus, wer oder was eine Handlung ausführt. Das Subjekt steht im Nominativ (wer-Fall).

- **Pedro** escribe una carta.
- **El libro** se vende bien.

Prädikat (predicado)

Das Prädikat (Satzaussage) ist das Verb und besteht aus Vollverb oder Vollverb und Hilfsverb. Es drückt aus, was getan wird.

- Pedro **escribe** una carta.
- Pedro **ha escrito** una carta.

Objekt (objeto)

Das Objekt ist ein Satzglied, das im Genitiv (wessen-Fall), Dativ (wem-Fall) oder Akkusativ (wen-Fall) steht.

Genitiv

Der Genitiv ist der 2. Fall, wessen-Fall und wird im Spanischen mit der Präposition **de** angeschlossen.

- Éste es el libro **de la señora García.**
- El hijo **de María** fue detenido ayer.

Dativ

Der Dativ ist der 3. Fall, der wem-Fall und wird im Spanischen in der Regel mit der Präposition **a** angeschlossen.

- He dado el libro **a la señora García.**
- Escribo una carta **a María.**

Akkusativ

Der Akkusativ ist der 4. Fall, der wen-Fall und wird im Spanischen mit oder ohne die Präposition **a** angeschlossen.

- Esta mañana, he encontrado **a la señora García.**
- Pedro escribe **una carta.**

Präpositionales Objekt

Präpositionale Objekte werden mit einer Präposition an das Verb angeschlossen. Welche Präposition das ist, hängt davon ab, welche Präposition das Verb verlangt.

- He hablado **con Pedro** esta mañana. **(hablar con)**
- Si viene o no depende **de su padre. (depender de)**

Prädikative Ergänzung (complemento predicativo)

Die prädikative Ergänzung kann ein Adjektiv oder Substantiv sein und bezieht sich entweder auf das Subjekt oder Objekt.

- *María* es muy **inteligente.**
- Te doy *un libro* muy **interesante.**

Adverbiale Bestimmungen (complementos circunstanciales)

Adverbiale Bestimmungen (Umstandsbestimmungen) sind Zeit- oder Ortsangaben, Angaben zur Art und Weise oder des Grundes, der Ursache.

- **Esta mañana** he leído un libro.
- Los alumnos han leído el libro **en la escuela.**
- Marchamos **lentamente.**
- Estaba loca **de alegría.**

Der bejahte Aussagesatz (la oración enunciativa afirmativa)

Im bejahten Aussagesatz wird ein Sachverhalt mitgeteilt bzw. behauptet.
Die folgenden Ausführungen geben einen allgemeinen Überblick über die Stellung der einzelnen Satzglieder.

Es gilt generell folgende Wortstellung.
Das Subjektpronomen wird meist weggelassen, da aus der konjugierten Verbform bereits ersichtlich ist, um welche Person, Zahl und Zeit und um welchen Modus es sich handelt.

Subjekt(pronomen) (S)	Prädikat (P)	Objekt (O)
• María	escribe	una carta.
• (Ella)	escribe	una carta.

Aussagesatz mit 2 Objekten

Enthält der bejahte Aussagesatz ein direktes und ein indirektes Objekt, so steht das direkte Objekt in der Regel vor dem indirekten Objekt.

Subjekt	Prädikat	direktes Objekt	indirektes Objekt
• María	escribe	una carta	a su padre.

Enthält der bejahte Aussagesatz ein direktes und ein indirektes Objekt, so steht das direkte Objekt nach dem indirekten Objekt, wenn es länger ist als das indirekte Objekt.

Subjekt	Prädikat	indirektes Objekt	direktes Objekt
• María	escribe	a su padre	una carta de 50 páginas.

Ist das indirekte und das direkte Objekt ein Pronomen, so steht das indirekte Objektpronomen vor dem direkten Objektpronomen, auf das das Prädikat folgt.

Subjekt(pronomen)	indir. Obj. pron.	direktes Obj. pron.	Prädikat
• Pedro	me	lo	dice.
• Pedro	me	lo	ha dicho.

Treffen die indirekten Objektpronomen **le, les** auf ein direktes Objektpronomen (meist eine Sache), so werden die indirekten Objektpronomen durch **se** ersetzt.

Indirektes Objektpronomen	direktes Objektpronomen	Prädikat
• Se (Le escribí	la una carta.)	escribí.

Aussagesatz mit prädikativer Ergänzung

Prädikative Ergänzungen stehen, wenn sie sich auf das Subjekt beziehen, unmittelbar nach dem Verb.

Subjekt	Prädikat	prädikative Ergänzung
• María	es	inteligente.

Prädikative Ergänzungen stehen, wenn sie sich auf das Objekt beziehen, unmittelbar nach dem Objekt.

Subjekt	Prädikat	Objekt	präd. Ergänzung
• María	lee	un libro	interesante.

Aussagesatz mit adverbialen Bestimmungen

Adverbiale Bestimmungen, vor allem des Ortes und der Zeit treten in der Regel an den Satzanfang oder an das Satzende.

Adv. Bestimmung	Subjekt(pron.)	Prädikat	Objekt
• Esta mañana	Pedro	ha leído	este libro.

Subjekt	Prädikat	Objekt	adv. Bestimmung
• Los alumnos	han leído	este libro	en la escuela.

Der verneinte Aussagesatz (la oración enunciativa negativa)

Im verneinten Aussagesatz wird ein Sachverhalt verneint. Die Verneinung wird durch zahlreiche Adverbien, Pronomen oder Konjunktionen der Verneinung ausgedrückt, von denen die wichtigsten im folgenden dargestellt sind.
Das am häufigsten verwendete Adverb der Verneinung ist **no**, das auch mit einigen anderen Adverbien zusammengesetzt werden kann und somit ein neues Adverb der Verneinung bildet.

No

No (nicht) wird am häufigsten verwendet und steht grundsätzlich vor dem Prädikat.
Das Subjektpronomen wird meist weggelassen, da aus der konjugierten Verbform bereits ersichtlich ist, um welche Person, Zahl und Zeit und um welchen Modus es sich handelt.

Subjekt(pronomen)	no	Prädikat	Objekt
• María	no	compra	un libro.
• (Ella)	no	ha comprado	un libro.

Wird das Objekt durch ein Pronomen ersetzt, so steht **no** vor dem Objektpronomen, auf das unmittelbar das Prädikat folgt.

Subjekt	no	Objektpronomen	Prädikat
• María	no	lo	compra.
• María	no	lo	ha comprado.

In Verbindung mit dem Infinitiv steht **no** unmittelbar vor diesem.

Subjekt(pron.)	Prädikat	no	Infinitiv	Objekt
• (Yo)	lamento	no	entender	tales palabras.
• Pedro	espera	no	haber inquietado	al señor García.

Ist das Objekt ein Pronomen, so steht **no** vor dem Infinitiv, an den das Objektpronomen angehängt wird. Beim *infinitivo perfecto* wird das Objektpronomen an das Hilfsverb im Infinitiv angehängt, das Partizip folgt.

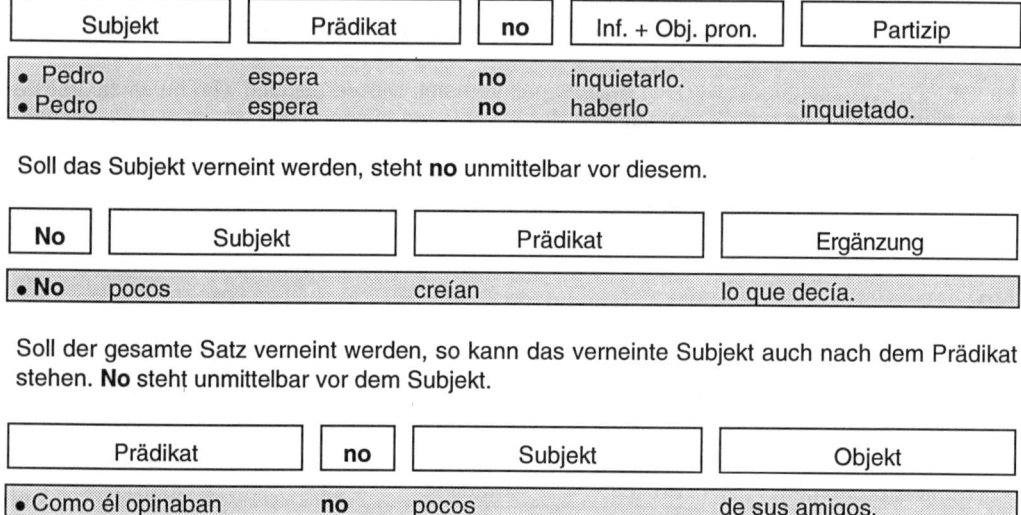

Subjekt	Prädikat	no	Inf. + Obj. pron.	Partizip
• Pedro	espera	no	inquietarlo.	
• Pedro	espera	no	haberlo	inquietado.

Soll das Subjekt verneint werden, steht **no** unmittelbar vor diesem.

No	Subjekt	Prädikat	Ergänzung
• **No**	pocos	creían	lo que decía.

Soll der gesamte Satz verneint werden, so kann das verneinte Subjekt auch nach dem Prädikat stehen. **No** steht unmittelbar vor dem Subjekt.

Prädikat	no	Subjekt	Objekt
• Como él opinaban	no	pocos	de sus amigos.

Aún no, todavía no, ya no

Aún no (noch nicht), **todavía no** (noch nicht) und **ya no** (nicht mehr) können geschlossen vor dem Prädikat stehen oder das Prädikat umschließen. **Ya no** steht jedoch vorzugsweise davor.

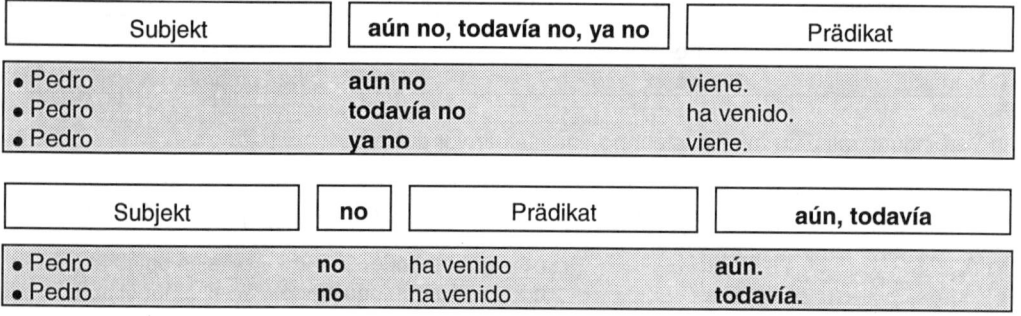

Subjekt	aún no, todavía no, ya no	Prädikat
• Pedro	**aún no**	viene.
• Pedro	**todavía no**	ha venido.
• Pedro	**ya no**	viene.

Subjekt	no	Prädikat	aún, todavía
• Pedro	no	ha venido	**aún.**
• Pedro	no	ha venido	**todavía.**

No ... ni, no ... ni un sólo

No ... ni und **no ... ni un sólo** (nicht einmal) dienen zur Verstärkung der Verneinung und umschließen das Prädikat, wobei **no** davor und **ni** bzw. **ni un sólo** unmittelbar hinter dem Prädikat stehen.

Subjekt	no	Prädikat	ni	un sólo	Objekt
• María	no	tiene	ni		un día festivo.
• María	no	tiene	ni	un sólo	día festivo.

No ... ni siquiera

No ... ni siquiera (nicht einmal) umschließt das Prädikat, wobei **no** unmittelbar davor und **ni siquiera** unmittelbar dahinter steht.

Subjekt	no	Prädikat	ni siquiera	Objekt
• María	no	descansa	ni siquiera	por las noches.

No ... sino (que)

Bei **no ... sino (que)** (nicht ... sondern) steht **no** unmittelbar vor dem Prädikat, **sino** steht vor dem zu benennenden Subjekt(pronomen).
No ... sino que steht statt **no ... sino**, wenn ein Verb folgt.

No	Prädikat	Subjekt	sino	Subjekt
• No	va	mi madre	sino	mi padre.

No	Prädikat	Subjekt	sino que	Verb	Subjekt
• No	va	mi madre	sino que	va	mi padre.

No sólo ... sino (también)

Bei **no sólo ... sino (también)** (nicht nur ... sondern auch) steht **no sólo** geschlossen vor dem Prädikat, **sino (también)** steht vor dem einzuschränkenden Satzglied.

No sólo	Prädikat	präd. Ergänzung	sino (también)	präd. Ergänzung
• No sólo	es	guapo	sino (también)	inteligente.

Neben dem Verneinungsadverb **no** und seinen Zusammensetzungen kann die Verneinung auch mit folgenden Pronomen, die eine Verneinung ausdrücken, gebildet werden.

Nadie, ninguno

Nadie und **ninguno** (niemand, keiner) können vor und nach dem Prädikat stehen. Stehen sie hinter dem Prädikat, so muß **no** vor das Prädikat treten, stehen sie vor dem Prädikat, entfällt **no**.

Nadie, ninguno	Prädikat	Ergänzung
• Nadie	ha dicho	que sea verdad.
• Ninguno	ha dicho	que sea verdad.

No	Prädikat	nadie, ninguno	adverbiale Bestimmung
• No	ha llamado	nadie	en toda la mañana.
• No	ha llamado	ninguno	en toda la mañana.

Nada

Nada (nichts) kann vor und nach dem Prädikat stehen. Steht es hinter dem Prädikat, so muß **no** vor das Prädikat treten, steht es vor dem Prädikat, entfällt **no**.

Nada	Prädikat	adverbiale Bestimmung
• Nada	ha pasado	desde tu salida.

No	Prädikat	nada	adverbiale Bestimmung
• No	ha pasado	nada	desde tu salida.

Nunca

Nunca (niemals) kann vor und nach dem Prädikat stehen. Steht es hinter dem Prädikat, so muß **no** vor das Prädikat treten, steht es vor dem Prädikat, entfällt **no**.

Nunca	Prädikat	Objekt
• Nunca	ha dicho	la verdad.

No	Prädikat	nunca	Objekt
• No	ha dicho	nunca	la verdad.

Jamás

Jamás (niemals) tritt vorzugsweise vor das Prädikat, **no** entfällt. Steht es hinter dem Prädikat, so muß **no** vor das Prädikat treten.

Jamás	Prädikat	Objekt
• Jamás	ha dicho	la verdad.

No	Prädikat	jamás	Objekt
• No	ha dicho	jamás	la verdad.

Ni ... ni (tampoco)

Ni ... ni (tampoco) (weder ... noch) wird segmentiert, d. h. das erste **ni** steht unmittelbar vor dem Prädikat, das zweite **ni** (und **tampoco**) steht vor dem zweiten einzuschränkenden Satzglied.
Ni ... ni kann durch **tampoco** verstärkt werden.

Ni	Prädikat	präd. Ergänzung	ni (tampoco)	präd. Ergänzung
• Ni	es	guapo	ni (tampoco)	inteligente.

Tampoco

Tampoco (auch nicht) kann vor und nach dem Prädikat oder am Schluß des Satzes stehen. Steht es nach dem Prädikat, so muß **no** vor das Prädikat treten, steht es vor dem Prädikat, entfällt **no**.

Tampoco	Prädikat	Objekt
• Tampoco	ha dicho	la verdad.

No	Prädikat	tampoco	Objekt
• No	ha dicho	tampoco	la verdad.

No	Prädikat	Objekt	tampoco
• No	ha dicho	la verdad	tampoco.

Sin (que)

Sin que (ohne daß) steht mit einem negativen Pronomen (**nada, nadie** etc.).
Dabei steht **sin** unmittelbar vor dem Infinitiv, **sin que** (+ subjuntivo) steht, wenn ein negatives Pronomen folgt.

Subjekt	Prädikat	sin	Infinitiv	Pronomen
• Pedro	trabaja	sin	decir	nada.

Subjekt	Prädikat	sin que	Pronomen	Prädikat	Pronomen
• Ellos	seguían trabajando	sin que	nadie	dijera	nada.

Der Fragesatz (la oración interrogativa)

Im Fragesatz wird eine Frage formuliert.

Die direkte Frage ohne Fragewort (la oración interrogativa directa sin partícula interrogativa)

Direkte Fragen bilden selbst den Hauptsatz, sie werden nicht wie die indirekten Fragen in einen Nebensatz eingebettet und durch ein Verb wie **preguntar** etc. eingeleitet.
Die direkte Frage wird durch Fragezeichen am Anfang und Ende des Satzes gekennzeichnet (¿?).

Die Entscheidungsfrage (la oración interrogativa general)

Entscheidungsfragen, von denen die wichtigsten im folgenden aufgeführt sind, erwarten eine Ja- oder Nein-Antwort.

Die Inversionsfrage (la oración interrogativa con el verbo antepuesto)

Bei dieser Art der Fragestellung tritt das Subjekt(pronomen) hinter das Prädikat. Das Subjektpronomen kann weggelassen werden, da aus der konjugierten Verbform bereits ersichtlich ist, um welche Person, Zahl und Zeit und um welchen Modus es sich handelt.

Prädikat	Subjekt(pronomen)	adverbiale Bestimmung
• ¿Está	Pedro	en el jardín?
• ¿Está	(él)	en el jardín?

Die Intonationsfrage (la oración interrogativa con el verbo pospuesto)

Die Frage wird durch die Intonation kenntlich gemacht, d. h. die Satzmelodie geht am Satzende nach oben. Die Wortstellung entspricht der des bejahten Aussagesatzes.
Diese Art der Fragestellung wird, vor allem in der gesprochenen Sprache, sehr häufig verwendet.

Subjekt(pronomen)	Prädikat	Objekt
• ¿María	ha encontrado	a tu hermana?
• ¿(Ella)	ha visto	esa película?

Die direkte Frage mit Fragewort (la oración interrogativa directa con partícula interrogativa)

Diese Fragen enthalten ein Interrogativpronomen oder Fragewort, das in der Regel am Satzanfang steht. Das Subjekt(pronomen) tritt hinter das Prädikat.

Fragewort	Prädikat	Subjekt(pronomen)
• ¿Cuándo	llegas	(tú)?
• ¿Qué	ha dicho	María?

Die indirekte Frage (la oración interrogativa indirecta)

Indirekte Fragen sind in einen Nebensatz, der von Verben wie **preguntar** etc. eingeleitet wird, eingebettet. Sie werden vom Einleitungssatz nicht durch Komma abgetrennt. Der indirekte Fragesatz wird nicht durch Fragezeichen gekennzeichnet.

Die indirekte Frage kann durch ein Interrogativpronomen oder Fragewort eingeleitet werden. Es gilt dann dieselbe Wortstellung wie im Fragesatz mit Fragewort, d. h. das Subjekt(pronomen) tritt hinter das Prädikat.

Einleitungssatz	Fragewort	Prädikat	Subjekt(pronomen)
• Le pregunté	cuándo	llegaba	su hermana.

Indirekte Entscheidungsfragen werden mit **si** eingeleitet. Es gilt dann dieselbe Wortstellung wie im bejahten Aussagesatz.

Einleitungssatz	si	Subjekt	Prädikat	Objekt
• Me ha preguntado	si	María	ha terminado	el trabajo.

Der Aufforderungssatz (la oración exhortativa)

Im Aufforderungssatz wird ein Befehl, eine Aufforderung formuliert.
Aufforderungen können in den folgenden Sätzen zum Ausdruck gebracht werden.

Imperativsatz

Im Imperativsatz werden Befehle, Aufforderungen durch die Verbformen des Imperativs ausge-
drückt, die an den Anfang des Satzes treten. Die zum Imperativ gehörenden Personalpronomen
werden dem Imperativ nachgestellt oder können weggelassen werden.

Imperativ	Pronomen	Objekt
• Lea	Vd.	este texto.
• Leed		este texto.

Dem verneinten Imperativ wird **no** vorangestellt.

No	Imperativ	Pronomen	Objekt
• No	lea	(Vd.)	este texto.

Die unbetonten Personalpronomen, indirektes Objekt werden an den Imperativ angehängt.

Imperativ + Pronomen	Objekt
• Dame	ese libro.

Infinitivsatz

Im Infinitivsatz werden Befehle, Aufforderungen an unbestimmte Personen erteilt.
Diese Möglichkeit eine Aufforderung auszudrücken wird besonders in schriftlichen Anweisun-
gen, Bedienungsanleitungen etc. verwendet.

Infinitiv	adverbiale Bestimmung
• Agitar (Vor Gebrauch **schütteln**.)	antes de usar.

Aussagesatz im Präsens oder Futur

Aussagesätze im Präsens oder Futur können Befehle, Aufforderungen ausdrücken.
Es gilt dieselbe Wortstellung wie im bejahten Aussagesatz.

Subjekt(pronomen)	Prädikat	adverbiale Bestimmung
• Tú	sales	en seguida.
• Tú	saldrás	en seguida.

Fragesätze mit querer oder poder

Fragesätze mit **querer** oder **poder** + Infinitiv ermöglichen die besonders höfliche Formulierung einer Aufforderung.

Querer, poder	Subjekt(pronomen)	Infinitiv	adv. Bestimmung
• ¿Quiere	Vd.	partir	en seguida?
• ¿Puede	María	venir	en seguida?

Der Ausrufesatz (la oración exclamativa)

Im Ausrufesatz wird eine persönliche Empfindung (Erstaunen, Verwunderung, Überraschung etc.) in einem Ausruf formuliert. Der Ausrufesatz wird am Anfang und Ende mit Ausrufezeichen (¡!) versehen.

Ausrufesatz ohne Ausrufewort (la oración exclamativa sin interjección)

Die Wortstellung im Ausrufesatz ohne Ausrufewort (Interjektion) entspricht der des einfachen Aussagesatzes.

Subjekt(pronomen)	Prädikat	prädikative Ergänzung
• ¡María	es	tan inteligente!

Ausrufesatz mit Ausrufewort (la oración exclamativa con interjección)

Ausrufesätze können mit Ausrufewörtern (Interjektion) wie **cuánto, qué** etc. eingeleitet werden. Das Subjekt(pronomen) tritt dann hinter das Prädikat, meist entfällt das Subjektpronomen.

Ausrufewort	präd. Ergänzung	Prädikat	Subjekt(pronomen)
• ¡Qué	inteligente	es	(ella)!

Der Nebensatz (la oración subordinada)

Der Nebensatz ist der untergeordnete Teil eines Satzgefüges und kann im Gegensatz zum Hauptsatz nicht alleine stehen.

Der Subjektsatz (la oración subordinada de sujeto)

Ein Subjektsatz ist ein Nebensatz anstelle des Subjekts.

> • **Que Pedro venga,** es dudoso.
> (**Ob Pedro kommt,** ist ungewiß.)
> (**Das**   ist ungewiß.)

Der Objektsatz (la oración subordinada de objeto)

Ein Objektsatz ist ein Nebensatz anstelle eines Objekts.

> • Yo no sé **si Pedro viene.**
> (Ich weiß nicht, **ob Pedro kommt.**)
> (Ich weiß   **es**   nicht.)

Der Adverbialsatz (la oración circunstancial)

Ein Adverbialsatz ist ein Nebensatz anstelle einer adverbialen Bestimmung und wird mit einer Konjunktion eingeleitet. Dabei ist zu beachten, daß bestimmte Konjunktionen den subjuntivo verlangen.

Der Temporalsatz (la oración temporal)

Der Temporalsatz gibt die Zeit an und wird durch eine temporale Konjunktion eingeleitet.

> • **Cuando salía de casa,** sonó el teléfono.
> • Yo me quedo aquí **hasta que Pedro venga.**

Der Finalsatz (la oración final)

Der Finalsatz drückt die Absicht, den Zweck aus und wird durch eine finale Konjunktion eingeleitet.

> • Voy a Madrid **para aprender español.**
> • Partimos pronto **a fin de que lleguemos a tiempo.**

Der Kausalsatz (la oración causal)

Der Kausalsatz gibt den Grund, die Ursache an und wird durch eine kausale Konjunktion eingeleitet.

> • No puedo ir hoy **porque llueve a cántaros.**
> • **Ya que estás aquí,** ayúdame un poco.

Der Konsekutivsatz (la oración consecutiva)

Der Konsekutivsatz drückt die Folge, Wirkung aus und steht mit konsekutiven Konjunktionen.

> • Hoy no saldremos **de modo que podremos reunirnos en casa.**

Der Konzessivsatz (la oración concesiva)

Der Konzessivsatz drückt die Einräumung aus und steht mit einer konzessiven Konjunktion.

> • Crece el trigo **a pesar de que no llueve.**
> • **Por mucho que trabaje,** no tenga dinero.

Der Konditionalsatz (la oración condicional)

Im Konditionalsatz wird eine Bedingung ausgedrückt. Er wird durch eine konditionale Konjunktion eingeleitet. Zu beachten ist die Zeitenfolge in Bedingungssätzen.

> • **Si tú tienes que trabajar,** no vengo.
> • **En el caso de que llueva,** no vendré.

Der Attributsatz (la oración atributiva)

Ein Attributsatz ist ein Nebensatz anstelle eines Attributs. Das Attribut ist eine Beifügung, die zum Verständnis des Satzes nicht notwendig ist, jedoch diesen näher erklärt.

> • El deber **leer todo el libro hasta el día siguiente** era demasiado difícil para los alumnos.

Der Relativsatz (la oración relativa)

Ein Relativsatz wird durch ein Relativpronomen eingeleitet, das unmittelbar nach dem Wort steht, auf das es sich bezieht.

Der notwendige Relativsatz (la oración relativa especificativa)

Notwendige Relativsätze sind für das Verständnis des Hauptsatzes notwendig, sie können nicht weggelassen und nicht durch Komma vom Hauptsatz getrennt werden.

> • Los niños **que aprobaron el examen** pasarán unas felices vacaciones.
> • Tengo un amigo **que ha hecho el examen esta semana.**

Der ausmalende Relativsatz (la oración relativa explicativa)

Ausmalende Relativsätze sind für das Verständnis des Hauptsatzes nicht notwendig, sie können weggelassen und durch Komma vom Hauptsatz abgetrennt werden.

> • El último libro de García Márquez, **que es muy interesante,** se ha agotado de las librerías.

Präfixe (prefijos)

Das Spanische kennt eine Reihe von Präfixen (Vorsilben), die an Substantive, Verben oder Adjektive angehängt werden können und somit ein wichtiges Mittel der Wortbildung darstellen. Es ist jedoch zu beachten, daß nicht jedes beliebige Präfix an jedes beliebige Substantiv, Verb oder Adjektiv angehängt werden darf. Die folgenden Beispiele zeigen wichtige Präfixe und ihre wichtigsten Anwendungsgebiete und welches Präfix überwiegend zur Bildung von Substantiven, Verben oder Adjektiven dient.

Gegenteil	anti-	anti-, gegen-	antialcohólico antisocial	Antialkoholiker unsozial
	contra-	gegen-, wider-	contracorriente contradecir	Gegenströmung widersprechen
	de-	ab-, aus-, de-, ent-, un-	decapitación decrecer	Enthauptung abnehmen, fallen
	des-	ab-, aus-, de-, ent-, un-	descargar	ab-, entladen
	dis-	ab-, aus-, de-, ent-, un-	disgusto disgustar	Ekel, Verdruß verstimmen
	im-	un-	impaciencia impacientar	Ungeduld ungeduldig machen
	in-	in-, un-	incapacidad incomprensible	Unfähigkeit unbegreiflich
Steigerung, Verstärkung	sobre-	über-	sobreabundancia sobrecargar sobrenatural	Überfülle überladen übernatürlich
Verminderung	sub-	unter-	subalterno subordinar subalterno	Untergebener unterordnen untergeordnet
Wiederholung	re-	wieder-, zurück-	reproducción repensar	Wiedererzeugung nochmals überlegen
Vor-	ante-	vor-, vorher-	antecámara anteponer	Vorzimmer voranstellen

Vor-	pre-	vor-, vorher-	predeterminación preexistir predominante	Vorherbestimmung vorher dasein vorherrschend
Nach-	pos-	nach-	posguerra posponer	Nachkriegszeit nachstellen

Suffixe (sufijos)

Das Spanische kennt eine Reihe von Suffixen (Nachsilben), die an Substantive, den Stamm von Verben oder Adjektiven angehängt werden können und so wiederum neue Substantive, Verben oder Adjektive bilden. Es ist jedoch zu beachten, daß nicht jedes beliebige Suffix an jedes beliebige Substantiv, Verb oder Adjektiv angehängt werden darf. Die folgenden Beispiele zeigen wichtige Suffixe und ihre wichtigsten Anwendungsgebiete.

Es ist jeweils nur ein Suffix im Singular (meist das männliche) dargestellt. Die Bildung der weiblichen Formen und der Pluralformen richtet sich nach den beim Substantiv und Adjektiv geltenden Regeln.

Gesamtheit	-ión	-heit, -keit, -ung	desesperación	Verzweiflung
	-ismo	-ismus	comunismo	Kommunismus
	-tad	-heit, -keit, -ung	libertad	Freiheit
	-tud	-heit, -keit, -ung	actitud	Haltung
Beruf, Amt,	-ado	-heit, -keit, -ung; -ig, -lich	afeminado	Weichling; verweichlicht
Tätigkeit	-al	-lich	artesanal	handwerklich
	-ista	-er, -ist; -isch	comunista	Kommunist; kommunistisch
	-or	-er; -ig, -isch	trabajador	Arbeiter; fleißig
	-oso	-ig, -lich	ambicioso	ehrgeizig

Groß- und Kleinschreibung (mayúsculas o minúsculas)

Im Spanischen wird, bis auf die folgenden Ausnahmen, alles klein geschrieben.

Satzanfang

Der Anfangsbuchstabe eines Wortes am Satzanfang.

- Esta mañana he visto al señor García.
- La señora García es muy amable.

Eigennamen

Alle Eigennamen, außer den Adjektiven, die die Nationalität, ein Volk bezeichnen.

- Esta mañana he visto a María.
- El idioma español es bonito.

Institutionen

Alle Bezeichnungen von öffentlichen und sonstigen Institutionen.

- La Iglesia Católica tiene un gran número de miembros.

Studienfächer

Die Namen von Studienfächern.

- Mi hermano estudia Matemáticas y Química.

Der Akzent (el acento)

Jede Abweichung von den Regeln der Betonung erfordert den Akzent (Akut) auf der zu betonenden Silbe.

	Akzent	Kein Akzent
Auf Vokal endende Wörter	Auf betonten Vokal endende Wörter tragen den Akzent auf diesem Vokal.	Auf Vokal endende Wörter, die auf der vorletzten Silbe betont werden.
	• faltó • bebé	• casa • plaza
Auf Konsonant endende Wörter	Auf Konsonant (außer -n und -s) endende Wörter, die nicht auf der letzten Silbe betont werden, tragen auf der betonten Silbe den Akzent.	Auf Konsonant (außer -n und -s) endende Wörter, die auf der letzten Silbe betont werden.
	• árbol • débil	• ciudad • informar
	Auf -n oder -s endende Wörter, die nicht auf der vorletzten Silbe betont werden, tragen auf der betonten Silbe den Akzent.	Auf -n oder -s endende Wörter, die auf der vorletzten Silbe betont werden.
	• inglés • sillón	• casas • trabajan
Adverbien	Adverbien auf -mente tragen den Akzent des zugehörigen Adjektivs.	
	• fácilmente • hábilmente	
Demonstrativpronomen	Die substantivischen Demonstrativpronomen éste, ése und aquél.	Die attributiven Demonstrativpronomen este, ese und aquel.
	• Mira los libros aquí. ¿Puedes darme éste?	• ¿Puedes darme este libro? • Me gusta esta comida.
Ausrufe-, Interrogativ-/ Relativpronomen	Die folgenden Wörter, wenn sie als Interrogativpronomen oder Ausrufewort verwendet werden.	Die folgenden Wörter, wenn sie als Relativpronomen verwendet werden.
	• cómo • dónde • cuál • qué • cuándo • quién • cuánto	• como • donde • cual • que • cuando • quien • cuanto

	Akzent	Kein Akzent
	• ¿**Cómo** está Vd.? • ¡**Cuánta** gente!	• El día **que** llegó mi padre fue un día de alegría. • Recuerdo **cuando** éramos chicos.
Unterscheidung gleichlautender Wörter	Gleichlautende Wörter haben mit Akzent eine andere Bedeutung als ohne Akzent. • **aún**　　　　(noch) • **dé**　　　　(von **dar**) • **él**　　　　(Personalpronomen) • **más**　　　　(mehr) • **mí**　　　　(Personalpronomen) • **sé**　　　　(von **saber, ser**) • **sí**　　　　(ja; sich) • **té**　　　　(Tee) • **tú**　　　　(Personalpronomen)	Gleichlautende Wörter haben ohne Akzent eine andere Bedeutung als mit Akzent. • **aun**　　　　(sogar) • **de**　　　　(Präposition) • **el**　　　　(bestimmter Artikel) • **mas**　　　　(aber) • **mi**　　　　(Possessivpronomen) • **se**　　　　(Pronomen) • **si**　　　　(wenn, ob) • **te**　　　　(Pronomen) • **tu**　　　　(Possessivpronomen)
	• ¿Quién es **él**? • ¿Es para **mí**?	• Ayer compré **el** libro. • ¿Has visto a **mi** madre?
Veränderung der Akzentuierung	Einige Substantive, die im Singular keinen Akzent haben, erhalten im Plural den Akzent. Manche ändern die Akzentuierung mit der sich ändernden Betonung.	Substantive, die im Singular den Akzent tragen, verlieren diesen meist im Plural.
	• **examen** - **exámenes** • **régimen** - **regímenes**	• **melón** - **melones** • **solución** - **soluciones**
Zusammenge-setzte Wörter		Bei zusammengesetzten Wörtern verliert der erste Bestandteil in der Regel den Akzent.
		• **así - asimismo**

Die Zeichensetzung (la puntuación)

Die Zeichensetzung (Interpunktion) folgt im Spanischen nicht so strengen Regeln wie im Deutschen. Vielfach werden die Satzzeichen auch nach eigenem Ermessen gesetzt.

Der Punkt (el punto)

Der Punkt steht am Ende eines Satzes.

> • Pedro es un hombre muy gentil.
> • María es inteligente.

Das Komma (la coma)

Auch die Kommasetzung unterliegt im Spanischen nicht so strengen Regeln wie im Deutschen. Häufig erfolgt die Kommasetzung auch nach eigenem Ermessen.

	Komma	Kein Komma
Nebensätze	Nebensätze, die vor dem Hauptsatz stehen, können von diesem durch Komma abgetrennt werden.	Nebensätze werden in der Regel nicht durch Komma vom Hauptsatz abgetrennt.
	• **Después de haber comido,** cerraron el local.	• Yo me quedo aquí **hasta que Pedro venga.**
Relativsätze	Ausmalende Relativsätze, die zum Verständnis des Satzes nicht notwendig sind, werden vom Hauptsatz durch Komma abgetrennt.	Notwendige Relativsätze, die zum Verständnis des Satzes notwendig sind, werden nicht durch Komma abgetrennt.
	• Mi amigo, **que hará el examen la semana próxima,** quiere continuar estudiando.	• Tengo un amigo **que hizo el examen la semana pasada.**
Nebensatzver-kürzungen	Nebensatzverkürzungen durch Partizip, gerundio oder Infinitiv werden zwischen Kommas gesetzt, wenn die Information des Nebensatzes für das Verständnis des Hauptsatzes nicht erforderlich ist.	Nebensatzverkürzungen durch Partizip, gerundio oder Infinitiv dürfen nicht durch Komma abgetrennt werden, wenn die Information des Nebensatzes für das Verständnis des Hauptsatzes erforderlich ist.
	• Los turistas, **cansados del largo viaje,** fueron transportados al hotel.	• Las personas **nombradas con anterioridad** pasen a esta sala.

	Komma	Kein Komma
Eingeschobene Sätze	Eingeschobene Sätze werden durch Komma abgetrennt. • Pedro, **piensa María**, no es muy gentil.	
Ausgelassenes Verb	Das Komma steht anstelle eines ausgelassenen Verbs. • Al mal tiempo**,** buena cara. (Al mal tiempo **hay que ponerle** buena cara).	
Aufzählungen	In Aufzählungen ohne Konjunktion.	Aufzählungen, wenn die einzelnen Glieder durch **y** (bzw. **e**) oder **o** (bzw. **u**) verbunden sind.
	• He encontrado a **María, Pedro, Juan y Elena.**	• He encontrado a **María y Pedro y Juan y Elena.**

Das Fragezeichen (el signo de interrogación)

Zur Kennzeichnung einer Frage steht das Fragezeichen am Anfang und Ende der Frage.

• ¿Has visto a mi hermano?
• ¿Puedes darme ese libro?

Das Ausrufezeichen (el signo de exclamación)

Das Ausrufezeichen steht am Anfang und Ende eines Ausrufs.

• ¡Qué alegría!
• ¡Qué terrible!

Der Doppelpunkt (los dos puntos)

Der Doppelpunkt steht nach der Anrede in Briefen, nach dem Einleitungssatz der direkten Rede und Aufzählungen.

• Muy Sr. mío:
• Pedro dice: «¿Has visto a mi hermano esta mañana?»
• Podemos visitar: el Museo del Prado, el Palacio Real o la ciudad antigua.

Die Anführungszeichen (las comillas)

Die Anführungszeichen stehen am Anfang und Ende einer direkten Rede oder eines Zitats sowie zur Kennzeichnung von Fremdwörtern.

- Dice: «Venga mañana».
- Eres un «snob».

Der Strichpunkt (punto y coma)

Der Strichpunkt trennt vor allem Konsekutiv- und Temporalsätze vom Hauptsatz ab.

- El tren no llega antes de las tres; por consiguiente podemos tomar un café.

Der Bindestrich (el guión)

Der Bindestrich verbindet zusammengesetzte Wörter und dient als Trennungsstrich bei der Silbentrennung.

- coche-cama
- No llega antes de las tres; por consiguiente podemos tomar un café.

Der Gedankenstrich (la raya)

Der Gedankenstrich kann vor und nach der direkten Rede stehen und dient als Klammerersatz.

- -¿De dónde vienes tan tarde? - preguntó su madre.
- Los celtíberos - no siempre iban a ser juguetes de Roma - mataron a los dos Escipiones.

Die Silbentrennung (la división silábica)

Die Silbentrennung erfolgt im Spanischen nach Sprechsilben und nach den folgenden Regeln.

Vokalverbindungen

Zweisilbige Vokalverbindungen werden getrennt. Es wird allerdings vermieden, einen einzelnen Vokal am Zeilenanfang oder Zeilenende stehen zu lassen.

- **te-a**tro
- **dí-a**

Die Vokale **-i** und **-u** werden zusammen mit anderen Vokalen als Einheit empfunden und dürfen daher nicht getrennt werden.

- c**ue**n-to
- a-g**ua**

Konsonant + -l oder -r

Konsonant + **-l** oder **-r** werden als Einheit empfunden und dürfen daher nicht getrennt werden.

- ha-**bl**ar
- a-**br**a-zar

-s + Konsonant

Verbindungen aus **s-** + Konsonant werden getrennt. Dazu gehört auch **st**.

- es-**t**a-ción
- Es-**p**a-ña

ch, ll und rr

Ch, ll und **rr** sind Buchstaben und dürfen daher nicht getrennt werden.

- mu-**cha**-cho
- bri-**ll**ar
- ca-**rr**e-ra

Zusammengesetzte Wörter

Wörter, die aus Zusammensetzungen entstanden sind, können nach ihren Bestandteilen getrennt werden.

- **nos-o-tros/no-so-tros**
- **des-a-yu-no/de-sa-yu-no**

A

Abstraktum (Plural: **Abstrakta**)
(sustantivo abstracto)
Substantiv, mit dem etwas
Nichtgegenständliches be-
zeichnet wird; *Begriffswort*

Adjektiv (adjetivo)
bezeichnet eine Eigenschaft;
Eigenschafts-, Wiewort

Adjektiv, attributives (adjetivo
atributivo)
Adjektiv, das beim Substantiv
steht

Adjektiv, prädikatives (adjetivo
predicativo)
Adjektiv, das mit dem Substantiv
durch ein Verb verbunden ist

Adverb (adverbio)
bezeichnet die Art und Weise,
den Ort oder die Zeit, die Men-
ge, den Grad, die Intensität;
Umstandswort

Adverb, abgeleitetes (adverbio
derivado)
von einem Adjektiv abgeleitetes
Adverb, das im Spanischen auf
-mente endet

Adverb, ursprüngliches
(adverbio originario)
Adverb ohne besondere Form

Adverbialsatz (oración circunstan-
cial)
Nebensatz anstelle einer adver-
bialen Bestimmung

Akkusativ (acusativo)
der vierte der vier Kasus; *wen-
Fall*

Akkusativobjekt (objeto directo)
Satzteil, der im Akkusativ steht;
direktes Objekt

Aktiv (voz activa)
Handlung, die vom Subjekt durch-
geführt wird; *Tatform, Tätigkeits-
form*

Akut (acento)
spanischer Akzent

Antonym (antónimo)
Wort, welches das Gegenteil
ausdrückt; *Gegen(satz)wort*

Appellativum (Plural: **Appellativa**)
(sustantivo apelativo)
Substantiv, mit dem eine Gat-
tung von Lebewesen oder Din-
gen bezeichnet wird; *Gattungs-
name*

Artikel (artículo)
Begleiter des Substantivs, der
das Geschlecht des Substantivs
angibt; *Geschlechtswort*

Artikel, bestimmter (artículo
definido)
der, die, das bzw. **el, la**

Artikel, unbestimmter (artículo
indefinido)
ein, eine bzw. **uno, una**

Attribut (atributo)
hinzugefügtes Satzglied, das für
das Verständnis des Satzes
nicht notwendig ist; *Beifügung*

Attributsatz (oración atributiva)
Nebensatz anstelle eines Attri-
buts

Aufforderungssatz (oración ex-
hortativa)
Satz, der eine Aufforderung, ei-
nen Befehl ausdrückt

Ausrufesatz (oración exclamativa)
Satz, in dem ein Ausruf ausge-
drückt wird

Ausrufewort
→ Interjektion

Aussagesatz (oración enunciativa)
Satz, in dem ein Sachverhalt
behauptet oder mitgeteilt wird

B

Bedingungssatz
→ Konditionalsatz

Befehlsform
→ Imperativ

Begriffswort
→ Abstraktum

Beifügung
→ Attribut

Bestimmung, adverbiale (com-
plemento circunstancial)
Zeit-, Ortsangaben, Angaben
der Art und Weise, des Grundes
und der Ursache; *Umstandsbe-
stimmung*

Beugung
→ Flexion, Deklination,
Konjugation

Bindewort
→ Konjunktion

D

Dativ (dativo)
der dritte der vier Kasus, *wem-
Fall*

Dativobjekt (objeto indirecto)
Satzteil, der im Dativ steht;
indirektes Objekt

Deklination (declinación)
Abwandlung der Grundform von
Substantiven, Artikeln, Prono-
men und Adjektiven bezüglich
Numerus, Genus und Kasus

Demonstrativpronomen
(pronombre demostrativo)
weist auf eine bestimmte Person
oder Sache hin; *hinweisendes*
Fürwort

Dingwort
→ Substantiv

Diphthong (diptongo)
Doppellaut, Gleitlaut aus zwei
Vokalen

E

Eigenschaftswort
→ Adjektiv

Eigenname (sustantivo propio)
Substantive, die Sachen und
Personen bezeichnen, die ein-
malig sind

Einzahl
→ Singular

Elativ (elativo)
Steigerungsform des Adjektivs
oder Adverbs, die einen sehr
hohen Grad ausdrückt und im
Spanischen auf **-ísimo** endet

Entscheidungsfrage (oración
interrogativa general)
Fragesatz, der als Antwort eine
Ja-/Nein-Antwort erwartet

Ergänzung, prädikative
(complemento predicativo)
Adjektiv oder Substantiv, das
sich auf das Subjekt oder Objekt
bezieht

F

Fall
→ Kasus

Feminin(um) (femenino)
das weibliche der drei Genera

Finalsatz (oración final)
Nebensatz, der einen Zweck, ei-
ne Absicht ausdrückt

Flexion (flexión)
Bezeichnung für Deklination und
Konjugation; *Beugung*

Frage, direkte (oración interroga-
tiva directa)
Frage, die selbst den Hauptsatz
bildet und nicht in einen Neben-
satz eingebettet ist

Frage, indirekte (oración interro-
gativa indirecta)
Frage, die in einen Nebensatz
eingebettet ist

Fragefürwort
→ Interrogativpronomen

Fragesatz (oración interrogativa)
Satz, in dem eine Frage formu-
liert wird

Fragewort (partícula interrogativa)
Wort, mit dem eine Frage einge-
leitet wird

Fürwort
→ Pronomen

Futur I
Zeitform zur Bezeichnung der
Zukunft; *unvollendete Zukunft*

Futur II
Zeitform, die ausdrückt, daß zu
einem Zeitpunkt in der Zukunft
eine Handlung abgeschlossen
sein wird; *vollendete Zukunft*

Futuro
Zeitform zur Bezeichnung von
Vorgängen, die von der Gegen-
wart aus gesehen in der Zukunft
liegen

Futuro Perfecto
Zeitform zur Bezeichnung von
Vorgängen, die an einem Zeit-
punkt der Zukunft abgeschlos-
sen sein werden

G

Gattungsname
→ Appellativum

Gegenstandswort
→ Konkretum

Gegenwart
→ Präsens

Gegenwart, vollendete
→ Perfekt

Gegen(satz)wort
→ Antonym

Genitiv (genitivo)
der zweite der vier Kasus;
wessen-Fall

Genitivobjekt (objeto genitivo)
Satzteil, der im Genitiv steht

Genus (Plural: **Genera**) (género)
das grammatische Geschlecht eines Substantivs, Artikels, Adjektivs oder Pronomens; *Geschlecht*

Gerundio
Verbform zur Bezeichnung eines Vorgangs im Moment des Sprechens oder die anstelle eines Nebensatzes steht

Geschlecht
→ Genus

Geschlechtswort
→ Artikel

Gliedsatz
→ Nebensatz

Grundform
→ Infinitiv

Grundstufe
→ Positiv

Grundzahl
→ Kardinalzahl

H

Hauptsatz (oración principal)
übergeordneter Teilsatz in einem Satzgefüge, der alleine stehen kann

Hauptwort
→ Substantiv

Hilfsverb (verbo auxiliar)
Verb, das zur Bildung der zusammengesetzten Zeiten und des Passivs gebraucht wird

I

Imperativ (imperativo)
Verbform, die eine Aufforderung, einen Befehl ausdrückt; *Befehlsform*

Imperfekt
→ Präteritum

Indefinitpronomen (pronombre indefinido)
Pronomen, das eine unbestimmte Person oder Sache bezeichnet; *unbestimmtes Fürwort*

Indikativ (indicativo)
Verbform, die einen Zustand, Vorgang als tatsächlich, wirklich darstellt; *Wirklichkeitsform*

Indirekte Rede (estilo indirecto)
Aussagen einer Person A werden durch eine Person B an eine dritte Person C weitergegeben

Infinitiv (infinitivo)
nicht konjugierte Verbform; *Grund-, Nennform*

Interjektion (interjección)
Ausrufewort

Interpunktion (puntuación)
Zeichensetzung

Interrogativpronomen (pronombre interrogativo)
Pronomen, das Fragesätze einleitet; *Fragefürwort*

Intonationsfrage (oración interrogativa con el verbo pospuesto)
Frage, in der die Satzmelodie am Satzende nach oben geht

Inversionsfrage (oración interrogativa con el verbo antepuesto)
Frage, bei der das Subjekt hinter das Prädikat tritt

Irrealis der Gegenwart
Bedingungssatz, der ausdrückt, daß die Erfüllung der Bedingung unwahrscheinlich ist

Irrealis der Vergangenheit
Bedingungssatz, der ausdrückt, daß die Bedingung unerfüllt bleibt

K

Kardinalzahl (número cardinal)
eins, zwei, drei, dreißig, hundert etc; *Grundzahl*

Kasus (caso)
der Fall, in dem ein deklinierbares Wort steht (Nominativ, Genitiv, Dativ und Akkusativ); *Fall*

Kausalsatz (oración causal)
Nebensatz, der den Grund, die Ursache ausdrückt

Kollektivum (Plural: **Kollektiva**) (sustantivo colectivo)
Substantiv, das eine Gruppe gleichartiger Lebewesen und Dinge bezeichnet; *Sammelname*

Komparation (comparación)
Steigerung eines Adjektivs oder Adverbs; *Steigerung*

Komparativ (comparativo)
die Steigerungsform eines Adjektivs oder Adverbs, die den ungleichen, höheren Grad ausdrückt

Konditionalsatz (oración condicional)
Nebensatz, der eine Voraussetzung, Bedingung ausdrückt; *Bedingungssatz*

Konjugation (conjugación)
Abwandlung der Grundform von Verben bezüglich Person, Zeit und Modus; *Beugung*

Konjunktion (conjunción)
Wort, das zur Verbindung von Haupt- und Nebensätzen dient; *Bindewort*

Konjunktion, adversative (conjunción adversativa)
Konjunktion, die den Gegensatz ausdrückt

Konjunktion, anreihende (conjunción copulativa)
Konjunktion zur Verbindung zweier Sätze oder Satzteile

Konjunktion, beiordnende (conjunción de coordinación)
Konjunktion, die gleichartige Sätze (z. B. Haupt- und Hauptsatz) verbindet

Konjunktion, finale (conjunción final)
Konjunktion, die eine Absicht, einen Zweck ausdrückt

Konjunktion, kausale (conjunción causal)
Konjunktion, die den Grund, die Ursache angibt

Konjunktion, konsekutive (conjunción consecutiva)
Konjunktion, die die Folge, die Wirkung ausdrückt

Konjunktion, konzessive (conjunción concesiva)
Konjunktion, die eine Einräumung, ein Zugeständnis ausdrückt

Konjunktion, konditionale (conjunción condicional)
Konjunktion, die die Bedingung ausdrückt

Konjunktion, nebenordnende (conjunción de coordinación)
Konjunktion, die gleichartige Sätze (z. B. Haupt- und Hauptsatz) verbindet

Konjunktion, temporale (conjunción temporal)
Konjunktion, die einen Zeitpunkt, Zeitraum angibt

Konjunktion, unterordnende (conjunción de subordinación)
Konjunktion, die Nebensätze einleitet

Konjunktion, vergleichende (conjunción comparativa)
Konjunktion, die einen Vergleich zum Ausdruck bringt

Konjunktiv (subjuntivo)
Verbform, die einen Vorgang als nicht wirklich darstellt; *Möglichkeitsform*

Konkretum (Plural: **Konkreta**) (sustantivo concreto)
Substantiv, mit dem etwas Gegenständliches bezeichnet wird; *Gegenstandswort*

Konsekutivsatz (oración consecutiva)
Nebensatz, der die Folge, die Wirkung ausdrückt

Konsonant (consonante)
Laut (Buchstabe), für dessen Aussprache noch ein anderer Laut benötigt wird, also alle außer den Vokalen; *Mitlaut*

Konzessivsatz (oración concesiva)
Nebensatz, der eine Einräumung ausdrückt

L

Leideform
→ Passiv

M

Maskulin(um) (masculino)
das männliche der drei Genera

Mehrzahl
→ Plural

Mitlaut
→ Konsonant

Mittelwort der Gegenwart
→ Partizip Präsens

Mittelwort der Vergangenheit
→ Partizip Perfekt

Modalverb (verbo modal)
Verb, das den Inhalt eines anderen Verbs abwandelt und mit dem Infinitiv eines anderen Verbs verbunden ist

Modus (modo)
Aussageweise. Zu den Modi zählen Indikativ, Konjunktiv, Konditional und Imperativ

Möglichkeitsform
→ Konjunktiv

N

Nebensatz (oración subordinada)
untergeordneter Teilsatz in einem Satzgefüge, der nicht alleine stehen kann; *Gliedsatz*

Negation (negación)
Verneinung einer Aussage

Nennform
→ Infinitiv

Nennwort
→ Substantiv

Neutrum (neutro)
das sächliche der drei Genera

Nomen
→ Substantiv

Nominativ (nominativo)
der erste der vier Kasus; *wer-Fall*

Numeral (adjetivo numeral)
Wort, das eine Zahl bezeichnet; *Zahlwort*

Numerus (número)
Singular oder Plural eines Verbs oder Substantivs; *(An)Zahl*

O

Objekt (objeto)
Satzglied im Genitiv, Dativ oder Akkusativ

Objekt, direktes (objeto directo)
Satzglied, das im Spanischen ohne Präposition oder mit **a** an das Verb angeschlossen wird

Objekt, indirektes (objeto indirecto)
Satzglied, das im Spanischen mit der Präposition **a** an das Verb angeschlossen wird

Objekt, präpositionales (objeto preposicional)
Objekt mit einer Präposition

Objektsatz (oración subordinada de objeto)
Nebensatz anstelle eines Objekts

Ordinalzahl (número ordinal)
der erste, der zweite, der dritte etc.; *Ordnungszahl*

Ordnungszahl
→ Ordinalzahl

P

Partizip (participio)
infinite Verbform, die keine Angaben über Person, Numerus, Modus und Tempus enthält

Partizip Präsens
Partizip, das im Deutschen an der Endung -*end* (z. B. *gehend, sitzend*) zu erkennen ist; *Mittelwort der Gegenwart*

Partizip Perfekt
abgewandelte Form des Vollverbs, das zur Bildung der zusammengesetzten Zeiten benötigt wird (z. B. *gegangen, gesessen*); *Mittelwort der Vergangenheit*

Passiv (voz pasiva)
im Passiv wird eine Handlung nicht selbst vom Subjekt ausgeführt; *Leideform*

Perfekt
Zeitform, die den Vollzug, Abschluß eines Vorgangs ausdrückt; *Vorgegenwart, vollendete Gegenwart*

Personalform
→ finites Verb

Personalpronomen (pronombre personal)
Pronomen, das eine Person bezeichnet; *persönliches Fürwort*

Personalpronomen, redundantes (pronombre personal redundante)
ein bereits erwähnter Satzteil wird durch das redundante Personalpronomen wieder aufgenommen

Plural (plural)
Mehrzahl

Pluscuamperfecto
Zeitform zur Bezeichnung eines Vorgangs der Vergangenheit, der beendet war, bevor ein anderer einsetzte

Plusquamperfekt
Zeitform zur Bezeichnung eines Vorgangs der Vergangenheit, der beendet war, bevor ein anderer einsetzte; *Vorvergangenheit*

Positiv (positivo)
Vergleichsform des Adjektivs oder Adverbs zum Ausdruck des gleichen Grades; *Grundstufe*

Possessivpronomen (pronombre posesivo)
Pronomen, das ein Besitzverhältnis bezeichnet; *besitzanzeigendes Fürwort*

Prädikat (predicado)
Verb des Satzes. Es kann aus dem Vollverb oder aus dem Hilfsverb und Vollverb bestehen; *Satzaussage*

Präfix (prefijo)
Vorsilbe

Fachausdrücke

Präposition (preposición)
bezeichnet die Beziehung, das
Verhältnis zwischen Wörtern;
Verhältniswort

Präsens
Zeitform, die den Ablauf eines
Vorgangs in der Gegenwart aus-
drückt; *Gegenwart*

Präteritum
Zeitform, die ausdrückt, daß ein
Vorgang abgeschlossen, been-
det ist; *1. Vergangenheit*

Presente
Zeitform, die die Gegenwart be-
zeichnet

Pretérito Anterior
Zeitform zur Bezeichnung eines
Vorgangs der Vergangenheit,
der beendet war, bevor ein
anderer einsetzte

Pretérito Imperfecto
Zeitform zum Ausdruck gleich-
zeitig verlaufender Vorgänge
oder solcher, die noch andau-
ern, während ein anderer neu
einsetzt

Pretérito Perfecto
Zeitform zur Bezeichnung eines
Vorgangs der Vergangenheit

Pretérito Indefinido
Zeitform, die völlig abgeschlos-
sene Vorgänge der Vergangen-
heit bezeichnet

Pronomen (pronombre)
Begleiter oder Stellvertreter des
Substantivs; *Fürwort*

Pronomen, attributives (pronom-
bre atributivo)
Pronomen, das nicht ohne Sub-
stantiv stehen kann

Pronomen, substantivisches
(pronombre)
Pronomen, das ohne Substantiv
steht

R

Realis
Bedingungssatz, der eine erfüll-
bare Bedingung ausdrückt

Reflexivpronomen (pronombre
reflexivo)
Pronomen, das dieselbe Person
wie das Subjekt bezeichnet;
rückbezügliches Fürwort

Relativpronomen (pronombre
relativo)
Pronomen, das sich auf ein vor-
ausgehendes Substantiv be-
zieht; *bezügliches Fürwort*

Relativsatz (oración relativa)
Nebensatz, der durch ein Rela-
tivpronomen eingeleitet wird

Relativsatz, ausmalender
(oración relativa explicativa)
Relativsatz, der zum Verständ-
nis des Satzes nicht notwendig
ist

Relativsatz, notwendiger
(oración relativa especificativa)
Relativsatz, der zum Verständ-
nis des Satzes notwendig ist

Reziprokpronomen (pronombre
recíproco)
Pronomen, das die Gegenseitig-
keit, Wechselseitigkeit ausdrückt

S

Sammelname
→ Kollektivum

Satzaussage
→ Prädikat

Satzgefüge (período caúsula)
Satz, der aus mindestens einem
Hauptsatz und einem Nebensatz
besteht

Satzgegenstand
→ Subjekt

Sein-Passiv
→ Zustandspassiv

Selbstlaut
→ Vokal

Singular (singular)
Einzahl

Steigerung
→ Komparation

Stoffname (sustantivo material)
Masse- und Materialbezeich-
nung

Subjekt (sujeto)
Satzglied im Nominativ, das eine
Handlung ausführt

Subjektsatz (oración subordinada
de sujeto)
Nebensatz anstelle eines Sub-
jekts

Substantiv (sustantivo)
Wort, das ein Lebewesen, eine
Pflanze oder einen Gegenstand
bezeichnet; *Nomen, Nenn-,
Ding-, Hauptwort*

Substantiv, abgeleitetes (sus-
tantivo derivado)
von einer anderen Wortart abge-
leitetes Substantiv

Substantiv, abgewandeltes (sustantivo modificado)
durch ein Suffix oder Präfix abgewandeltes Substantiv

Suffix (sufijo)
Nachsilbe

Superlativ (superlativo)
Steigerungsform des Adjektivs oder Adverbs, die den höchsten Grad ausdrückt

Synonym (sinónimo)
(annähernde) Bedeutungsgleichheit von Wörtern

Syntax (sintaxis)
(Lehre vom) Satzbau

T

Tatform
→ Aktiv

Tätigkeitsform
→ Aktiv

Tätigkeitswort
→ Verb

Temporalsatz (oración temporal)
Nebensatz, der einen Zeitpunkt, -raum ausdrückt

Tempus (Plural: **Tempora**)
(tiempo)
Zeit(form)

Tunwort
→ Verb

U

Umlaut
ä, ö, ü

Umstandsbestimmung
→ Bestimmung, adverbiale

Umstandswort
→ Adverb

Ursubstantiv (sustantivo originario)
ursprüngliches, nicht durch ein Suffix oder Präfix abgewandeltes Substantiv

V

Verb (verbo)
bezeichnet einen Zustand oder Vorgang, eine Tätigkeit oder Handlung; *Zeitwort, Tätigkeitswort, Tunwort*

Verb, finites (forma personal del verbo)
Verbform mit Personen-, Zeit- und Modusangabe, konjugierte Verbform

Verb, infinites (forma no personal del verbo)
Verbform ohne Personen-, Zeit- und Modusangabe, nicht konjugierte Verbform

Verb, intransitives (verbo intransitivo)
Verb ohne Objektergänzung

Verb, reflexives (verbo reflexivo)
Verb mit einem Reflexivpronomen

Verb, reziprokes (verbo recíproco)
Verb, dessen Pronomen ein wechselseitiges Verhältnis angibt

Verb, transitives (verbo transitivo)
Verb mit einem Objekt

Verb, unpersönliches (verbo impersonal)
Verb, das nur in der 3. Person Singular verwendet werden kann

Vergangenheit
→ Präteritum

Verhältniswort
→ Präposition

Vervielfältigungszahlwort (número proporcional)
Zahlwort, das angibt wie oft etwas vorhanden ist

Vokal (vocal)
Laut (Buchstabe), für dessen Aussprache kein anderer Laut benötigt wird (*a, e, i, o u*);
Selbstlaut

Vollverb (verbo)
Verb, das das Prädikat alleine bilden kann

Vorgangspassiv (pasiva con ser)
Passiv, das eine Handlung, einen Vorgang ausdrückt; *werden-Passiv*

Vorgegenwart
→ Perfekt

Vorvergangenheit
→ Plusquamperfekt

W

Wem-Fall
→ Dativ

Wen-Fall
→ Akkusativ

Werden-Passiv
→ Vorgangspassiv

Wer-Fall
  → Nominativ

Wes(sen)-Fall
  → Genitiv

Wiederholungszahlwort
  → Vervielfältigungszahlwort

Wiewort
  → Adjektiv

Wirklichkeitsform
  → Indikativ

Z

Zahladjektiv
  → Numeral

Zahlwort
  → Numeral

Zeichensetzung
  → Interpunktion

Zeit, einfache (tiempo simple)
  ohne Hilfsverb gebildete Zeit

Zeit, zusammengesetzte (tiempo compuesto)
  mit einem Hilfsverb gebildete Zeit

Zeitwort
  → Verb

Zukunft, unvollendete
  → Futur I

Zukunft, vollendete
  → Futur II

Zustandspassiv (pasiva con estar)
  Passiv, das einen Zustand ausdrückt; *sein-Passiv*

W

Y

Z

Das Verlagsprogramm **Neue Sprachen** umfaßt des weiteren:

Neue Englische Grammatik

Neue Französische Grammatik

Neue Spanische Grammatik

Neue Italienische Grammatik

Diese lehrbuchunabhängigen Grammatikbücher richten sich an alle, die sich ausführlicher mit der jeweiligen Sprache beschäftigen, also an die Schüler der Oberstufe, Studenten, Selbstlerner und Profis. Diese Grammatibücher zeichnen sich durch ihren übersichtlichen Aufbau, die verständliche Formulierung grammatischer Sachverhalte, die umfassende Abhandlung der einzelnen grammatischen Kapitel und die Erklärung von Fachausdrücken aus.

	Format	Umfang	ISBN	DM	ATS	SFr
Englisch	17 x 24 cm	421 Seiten	3-9803483-2-6	49,90	369,--	48,--
Französisch	17 x 24 cm	512 Seiten	3-9803483-1-8	49,90	369,--	48,--
Spanisch	17 x 24 cm	408 Seiten	3-9803483-3-4	49,90	369,--	48,--
Italienisch	17 x 24 cm	509 Seiten	3-9803483-4-2	49,90	369,--	48,--

Die Französische Konjugation
Die Französische Konjugation Kompakt

Die Spanische Konjugation
Die Spanische Konjugation Kompakt

Die Italienische Konjugation
Die Italienische Konjugation Kompakt

Diese Konjugationsbücher sind lehrbuchunabhängige Lern- und Nachschlagewerke zur Konjugation in ausführlicher und kompakter Version. Sie richten sich an alle Lernenden, vom Schüler, Volkshochschüler, Studenten, Selbstlerner bis zum Profi.
Diese Konjugationsbücher zeichnen sich durch ihren neuartigen, übersichtlichen Aufbau aus, sie enthalten Erklärungen und Merkhinweise und einen Index mit deutschen Bedeutungen. Die ausführlichen Versionen beinhalten zusätzlich einen für die Konjugation relevanten, deutsch erklärten Grammatikteil.

Produktinformation

Konjugationsbücher

	Format	Umfang	ISBN	DM	ATS	SFr
Französisch	13,5 x 19 cm	256 Seiten	3-931104-70-2	19,80	146,--	19,--
Spanisch	13,5 x 19 cm	256 Seiten	3-931104-71-0	19,80	146,--	19,--
Italienisch	13,5 x 19 cm	256 Seiten	3-931104-72-9	19,80	146,--	19,--

Konjugationsbücher Kompakt

	Format	Umfang	ISBN	DM	ATS	SFr
Französisch	13,5 x 19 cm	96 Seiten	3-931104-73-7	6,80	51,--	6,80
Spanisch	13,5 x 19 cm	95 Seiten	3-931104-74-5	6,80	51,--	6,80
Italienisch	13,5 x 19 cm	96 Seiten	3-931104-75-3	6,80	51,--	6,80

Das Verlagsprogramm **Software** umfaßt folgende Lernprogramme:

master trainer Französisch *Konjugation*

master trainer Spanisch *Konjugation*

master trainer Italienisch *Konjugation*

Diese lehrbuchunabhängigen Lernprogramme zur Konjugation richten sich an alle Lernenden, gleichgültig ob Anfänger oder Fortgeschrittener, denn sie lassen sich an jeden individuellen Kenntnisstand anpassen. Die Konjugationsprogramme sind die ideale Ergänzung zu den Konjugationsbüchern. Sie zeichnen sich besonders durch die Ausgabe von Lösungen und *Erklärungen*, die automatische Erstellung eines Fehlerprotokolls und ihren klaren, einfachen Aufbau aus, der komplizierte und umfangreiche Computerdokumentationen überflüssig macht. So kommen auch Personen ohne oder mit nur wenig Erfahrung im Umgang mit Computern auf Anhieb problemlos zurecht.

	ISBN Diskette	ISBN CD-Rom	DM	ATS	SFr
Französisch	3-931104-16-8	3-931104-17-6	55,--	407,--	55,--
Spanisch	3-931104-34-6	3-931104-35-4	55,--	407,--	55,--
Italienisch	3-931104-52-4	3-931104-53-2	55,--	407,--	55,--

Der **master trainer** *Konjugation* ist auf einem IBM kompatiblen Computer, ab 386er Prozessor, VGA-Grafikkarte, ab 4 MB Hauptspeicher, unter windows 3.1, 3.11, windows NT lauffähig.